DISSERTATIONS

ET

NOTICES

SUR L'HISTOIRE ET LES HISTORIENS,

TANT IMPRIMÉS QUE MANUSCRITS,

DE CHARTRES ET DU PAYS CHARTRAIN,

AUXQUELLES SONT JOINTES QUELQUES PIÈCES HISTORIQUES
INÉDITES.

PAR M. HÉRISSON,

Juge au Tribunal civil de Chartres, membre correspondant de la
Société royale des Antiquaires de France, de celle des Antiquaires
de Normandie, de la Société de l'Histoire de France, et autres
Sociétés littéraires.

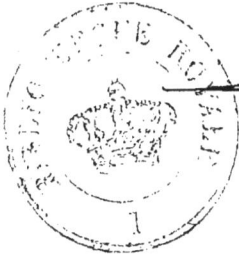

CHARTRES,

IMPRIMERIE ET LIBRAIRIE DE GARNIER FILS,
Place des Halles, 17.

1836

DISSERTATIONS

ET

NOTICES

SUR L'HISTOIRE ET LES HISTORIENS,

TANT IMPRIMÉS QUE MANUSCRITS,

DE CHARTRES ET DU PAYS CHARTRAIN,

AUXQUELLES SONT JOINTES QUELQUES PIÈCES HISTORIQUES INÉDITES.

PAR M. HÉRISSON,

Juge au Tribunal civil de Chartres, membre correspondant de la Société royale des Antiquaires de France, de celle des Antiquaires de Normandie, de la Société de l'Histoire de France, et autres Sociétés littéraires.

M. Ozeray, mon compatriote et mon ami d'enfance, depuis long-temps avait conçu le projet d'écrire une histoire de Chartres et du pays chartrain. Il en avait préparé tous les élémens. Il avait interrogé tous les historiens et tous les auteurs qui pouvaient le soutenir et le seconder dans cette courageuse entreprise. Il ne lui avait pas suffi de consulter les différens historiens et auteurs, tant anciens que modernes, du pays auquel il offrait ses recherches et ses découvertes.

Il avait fait plusieurs voyages à Paris, afin de compulser les divers ouvrages qu'il ne pouvait rencontrer que dans les bibliothèques publiques de la capitale, et s'était familiarisé avec les historiens, tant imprimés que manuscrits, qui devaient le diriger dans l'exécution de ses travaux. C'est après les longues et pénibles recherches auxquelles il s'était dévoué, qu'il s'est enfin déterminé à publier cette histoire.

M. Ozeray avait le projet de joindre à son travail une Biographie abrégée des savans et des hommes illustres du pays chartrain. Il me communiqua ce projet et m'engagea de me charger de ce travail. Je lui présentai mes réflexions à cet égard. La plus importante fut, qu'une biographie chartraine rédigée avec tout le soin qu'un semblable ouvrage exige, pourrait former deux volumes in-8°, et demanderait deux années de travail continu. Malgré ses instances, qu'il appuyait sur les nombreuses notes et autres ouvrages que je puis avoir sur cet objet, et quelles que fussent ses obligeantes sollicitations, je persistai dans mon opinion. Cependant comme je désirais obliger M. Ozeray, je me déterminai à lui offrir quelques notices sur les historiens du pays chartrain, et d'y joindre quelques pièces historiques inédites qui pourraient être accueillies avec faveur. Il accepta ma proposition.

C'est pour répondre à ses vues que j'ai réuni

plusieurs documens relatifs aux divers siéges soutenus par la ville de Chartres, aux guerres désastreuses, et aux grandes catastrophes dont le pays chartrain a malheureusement été trop fréquemment le théâtre ; et que, de plus, j'y ai ajouté quelques pièces historiques inconnues et non encore publiées.

Quant aux historiens, j'ai pensé devoir les signaler d'après leur mérite réel, autant qu'il m'est permis de les apprécier ; indiquer ceux qu'il est essentiel de consulter sur les faits que je ne devais qu'indiquer et rappeler, afin de suppléer autant que possible au silence que les historiens nos prédécesseurs m'ont paru s'être imposé.

II.

L'histoire générale ne se compose que des histoires particulières. Mais quels en sont les élémens ? Ils se rencontrent dans les divisions territoriales.

Celles établies dans les Gaules doivent être rattachées aux trois objets ou chefs principaux qui comprennent les divisions civiles, telles que la province, la cité, le territoire.

Formées dans la Gaule, sous l'administration romaine, elles se conservèrent dans le même pays, sous la domination des Francs.

En parlant de Chartres et du pays chartrain, nous parlons des Gaules, parce que Chartres et le pays chartrain faisaient partie de la 4e Lyonnaise.

Si la division provinciale a reçu quelques modifications, quelques changemens ; si elle n'a pas conservé dans l'ordre civil sa primitive institution, il est certain qu'elle a subsisté dans l'ordre ecclésiastique, avec peu d'altération, presque jusqu'à nos jours.

Dans l'église, la juridiction de l'évêque métropolitain ou de l'archevêque s'étendait sur tout le pays qu'administrait le consulaire, ou le président romain, de telle sorte que les provinces et métropoles ecclésiastiques existantes sous les empereurs, restèrent provinces et métropoles ecclésiastiques sous les premiers rois de la France.

C'est un fait dont la démonstration résulte de la comparaison de la notice des Gaules, avec l'état des divisions ecclésiastiques dans les six premiers siècles de la monarchie française.

Les anciens écrivains se servent fréquemment du terme *provincia*, pour signifier tout le pays d'une même métropole ecclésiastique. Ils disent *Provincia Lugdunensis, Rothomagensis, Senonensium*, pour distinguer les provinces connues sous le nom de 1re, 2e, 4e Lyonnaise.

Cependant il faut reconnaître que le système divisionnaire par provinces, tel qu'il était établi

dans la Gaule romaine, sous l'empereur Hono-
rius, ne se maintint dans son ensemble, après
l'invasion des barbares, que dans l'ordre ecclésiastique.

Le mot *civitas*, qui dans César (Bell. Gall.
l. 12) se dit de tout un peuple, ou de la petite
république formée par ce peuple, n'a plus cette
signification dans la notice des Gaules, où il désigne seulement la ville capitale d'un pays.

Dans la Gaule, la division par cités survécut
à la division par provinces ; et l'on retrouve,
sous la domination des Francs, toutes les cités
qui existaient sous celle des Romains. Alors
chaque cité dans l'ordre civil forma un diocèse
dans l'ordre ecclésiastique ; de sorte que les termes de *cité* et de *diocèse* représentent la même
division territoriale.

Mais veut-on écrire l'histoire d'une province
particulière, d'un pays, d'une ville, dont on
aime à rechercher l'origine ou à se rappeler les
faits qui jadis ont pu les rendre fameux ou les
illustrer, alors il faut aussi recourir à l'histoire
générale.

En effet, c'est dans l'histoire générale que sont
recueillis tous les faits particuliers qui appar-
tiennent aux diverses provinces. Ils y sont re-
présentés comme dans un tableau fidèle, où tout
semble avoir été réuni pour l'instruction générale.

Tels sont en abrégé les élémens primitifs de

l'histoire, soit celle générale, soit celle particulière.

Mais cela ne suffit pas encore.

L'histoire particulière ne peut se présenter qu'après avoir été extraite de celle générale, afin de lui donner une existence et une physionomie particulière qui constituent véritablement tous les caractères qui doivent la distinguer et la séparer d'avec les histoires des pays voisins et des contrées qui l'entourent.

Or, pour connaître d'une manière certaine, je dirais presque invariable, l'étendue et les limites de la province ou de la ville que l'on veut décrire, il faut nécessairement en fixer la circonscription, c'est-à-dire la topographie ou l'état géographique. Or, elle est tout à-la-fois ecclésiastique et civile, ainsi qu'il a été dit précédemment.

Les peuples ont toujours aimé à se séparer de leurs voisins. De là les rivalités qui ont fait naître les divisions, les lignes de démarcation inventées d'abord pour isoler le domaine de chaque famille et en conserver l'entière propriété. Cette division, qui ne devait son origine qu'à l'autorité de chaque chef de famille, s'est étendue et s'est divisée sur tous les divers genres de propriétés. De là est venue la réunion des habitans qui ont formé les paroisses, les villages, les bourgs, les cités, les villes, les provinces plus ou moins étendues, distinguées d'abord sous le nom du chef-lieu de leur réunion, et ensuite sous les noms vulgaires qu'ils attribuaient à chaque propriété, lesquels nous ont été transmis d'âge en âge, sans presqu'aucune innovation ni altération.

Mais il ne suffisait pas aux divers peuples d'avoir formé leur établissement et leur réunion dans les localités qu'ils s'étaient choisies ; chacun d'entr'eux voulut avoir son histoire et ses annales, afin de rivaliser avec ceux de la même contrée, ou de les surpasser. Or, pour y parvenir il fallut interroger les traditions, les histoires ou les annales des peuples anciens et celles des peuples voisins, soit pour s'illustrer, soit afin de devenir puissant et redoutable.

Dans les premiers siècles, beaucoup d'événemens n'avaient été conservés que par des traditions orales plus ou moins imparfaites, ou par des écrits souvent composés long-temps après les événemens.

Cependant ces premiers monumens sont ceux que les savans respectent encore aujourd'hui.

Ils sont l'ouvrage des premiers auteurs des siècles anciens. Ils les inscrivaient sur leurs tablettes, afin d'en conserver le souvenir et de les transmettre aux générations futures. Chroniques, annales, cartulaires, diplomes, chartes, ordonnances, bulles des papes, traités de paix, mémoires, extraits, tables de lois publiquement affichées, registres où se conservaient ces mêmes lois et autres ordonnances, arrêts, jugemens, description des événemens les plus intéressans, documens qui pouvaient attester les usages dont la mémoire ou la tradition avait conservé le souvenir, tels sont les monumens qui sont la source et le principe de l'histoire.

Le pays chartrain était renommé par sa vaste étendue. Les vestiges de sa grandeur sont demeurées en partie dans la circonscription de son diocèse, « estimé le plus ample de toute la » France; et pour cela il est appellé en cour de » Rome *le grand diocèse* ». Avant la Révolution il était un des évêchés les plus importans, quoiqu'en 1695 on eût démembré les archidiaconés de Blois et de Vendôme, et 54 paroisses de l'archidiaconé de Dunois pour l'érection du diocèse de Blois, qui eut lieu en 1697.

Après cette distraction l'évêché de Chartres contenait encore 711 cures, suivant le Pouillé de 1738. Mais depuis la Révolution il n'en contient plus que 331 (*a*).

Si l'on veut parcourir encore aujourd'hui les anciennes limites du pays chartrain, il faut consulter 1° la carte de l'Evêché de Chartres, divisé en archidiaconnez et doyennez, par Jalliot,

(*a*) Pour les détails des cures, bénéfices, etc., du diocèse de Chartres, v. le Pouillé des Bénéfices de France. Paris, Alliot, 1626. in-8. 1 vol. ; — et le Pouillé général de l'Archevêché de Paris, et des Diocèses de Chartres, Orléans et Meaux. Paris, Alliot, 1648, in-4. 1 vol.

1701 , réimprimée en 1781 ; 2° la carte du Gou-
vernement général des provinces du Maine et
Perche, faite par ordre du Roi, par J. B. La
Fosse en 1780 ; 3° celle de l'Evêché de Blois, par
Hubert Jalliot, dédiée à M. David-Nicolas de
Bertier, premier évêque de Blois (très rare et
introuvable à présent).

Ces premiers documens, que nous croyons
essentiels pour qui veut connaître l'histoire particulière , sont aussi essentiels pour connaître la
distinction des divers territoires et celle des diverses provinces.

Le premier des historiens que l'on doit étu-
dier est sans contredit Jules-César, qui après
avoir obtenu le gouvernement des Gaules , sub-
jugua les Gaulois , défit les Germains et soumit
les peuples de la Grande-Bretagne. Il parle souvent des Carnutes. Il faut lire ses Commentaires
de Bello Gallico, soit en latin, soit en français,
dont on a plusieurs bonnes traductions.

Veut-on reconnaître plus amplement l'ancienne description du pays chartrain et les limites du diocèse de Chartres, il faut recourir à
Souchet, cet historien trop peu connu parce
que jamais il n'a été imprimé. Il est cité, je le
sais, par les Doyen et par les Chevard, mais que
ne l'ont-ils fait imprimer ? Souchet est sans
contredit le plus savant des auteurs qui ont écrit
sur le pays chartrain. Je le cite, je l'indique
avec d'autant plus de certitude qu'il n'a écrit

que d'après des titres et des documens qu'il ne
nous est plus maintenant permis d'explorer ou
de consulter, non pas qu'ils soient détruits,
mais ils sont *inabordables...*

J'invoque donc ici le savant Souchet pour
rappeler les véritables limites du pays chartrain.
Cet auteur, aussi érudit qu'il est véridique, les
présente sous un aspect infiniment respectable.
Il nous enseigne que les Chartrains ont donné
naissance aux Manceaux, Angevins, Vendômois,
Orléanais, Tourangeaux. Suivant lui, le pays
chartrain s'étendait vers le Berry, le Gatinais,
la Seine ; des circonstances particulières occa-
sionnèrent des guerres et des différends entre
les propriétaires de ces divers pays, de manière
que celui des Chartrains reçut alors beaucoup
de diminution ; mais il lui resta encore une
grande étendue qui comprenait le *Gennabum*
des anciens, que les uns disent *Orléans* et d'autres nomment *Gien*, et que César appelle *Forum
Carnutum ;* une partie de la haute et basse
Beauce, une partie de la haute et basse Sologne,
où se rencontre Romorantin, petite ville dans
le Berri, élection de Romorantin, à trois lieues
d'Issoudun ; Vatan et autres villes voisines ; le
Blaisois et le Vendômois, qui depuis a fait partie
de l'Anjou ; le Dunois ; l'un et l'autre Perche ;
la partie de la Normandie qui l'avoisine ; le
Drouais et le Hurepoix, qui jadis faisaient autant de seigneuries distinctes, et qui à présent
forment des cantons.

Les vestiges de la grandeur du pays chartrain
sont demeurés en partie dans l'étendue du diocèse de Chartres , estimé le plus grand de toute
la France , et pour cela appelé en cour de Rome
le Grand Diocèse , ainsi qu'il est dit ci-dessus.

Cinq archevêchés, savoir : Paris, Sens, Bourges, Tours et Rouen ; et les évêchés d'Orléans ,
du Mans , de Seez et d'Evreux l'environnent et
lui servent de limites. J'ajoute celui de Blois qui
n'était pas érigé lorsque Souchet écrivait son
histoire, et qui fut composé des distractions faites à l'évêché de Chartres.

Les histoires de ces archevêchés et évêchés
font partie du *Gallia Christiana* , et se retrouvent dans le huitième vol. de ce savant recueil ,
et dans les ouvrages particuliers qui leur ont été
consacrés.

Telles sont les bornes et les limites du diocèse Souchet abrégé, p. 11.
de Chartres, dans lesquelles sont renfermés les
duchés de Chartres, d'Epernon et de Vendôme;
les comtés de Blois, Montfort-l'Amaury, Roche-
fort, Dreux, Mantes ; partie de celui de Meulan,
de Dunois, du Perche , de Dourdan , Chiverny
et Nogent-le-Roi , avec Meslay-le-Vidame , de
nouvelle érection ; les marquisats d'Alluye, de
Rambouillet et de Maintenon. Plusieurs vicom-
tés , baronies et châtellenies , entr'autres la ba-
ronie de Pontgouin , appartenant à l'évêché de
Chartres , de laquelle relève le marquisat d'Alluye et les baronies de Brou, Montmirail , Au-

thon et La Bazoche, qui composaient autrefois les cinq baronies dites autrement le Perche-Gouet. Chacun des pays énoncés ici a son histoire particulière.

Je puis même dire que, quoique gouvernés pour le civil par les lois générales de la France, ils étaient encore régis par des usages qui leur étaient particuliers, qui avaient force de loi, et qui étaient nommés *coutumes*.

III.

1er Siége.   L'histoire de Chartres et du pays chartrain présente un grand nombre de faits importans dont le souvenir mérite d'être rappelé.

Cette contrée, située presqu'au milieu de la France, peu éloignée de Paris qui était la capitale du royaume, devait nécessairement éprouver toutes les dévastations, les troubles, les incendies, les guerres, les fléaux qui les accompagnent, et tous les ravages qu'ils entraînent avec eux.

Aussi, dès les premiers temps de son existence, Chartres a été la victime de trois siéges des plus désastreux.

Le premier eut lieu sous l'épiscopat de S. Bohaire ou Bethaire, qui succéda à Pappole vers l'an 594. Le Père Lecointe marque sa mort en l'an 623.

Dans la sixième année de son épiscopat (*a*), la ville de Chartres fut prise et saccagée par l'armée de Thierry, roi de Bourgogne, cousin de Clotaire II, « ayant (dit Souchet, p. 84) amassé » une grosse armée de Bourguignons, Allemans » et Goths, et courut les terres des François, » mettant tout à feu et à sang par où il passait ».

Clotaire vint au-devant de lui pour rompre ses desseins, mais ne se voyant pas assez fort, il aima mieux se retirer avec prudence que de lui résister avec témérité. Thierry le poursuivit dans les forêts du Perche, et étant venu à Chartres sans pouvoir le joindre, il tâcha de se rendre maître de la ville et de la piller.

Les habitans lui ayant fermé les portes et s'étant fortifiés contre lui, il demanda à parlementer. On députa vers lui des principaux de la ville, ayant donné à entendre qu'il ne leur en voulait pas, mais à Clotaire; qu'il les priait de le laisser entrer dans leur ville pour avoir des rafraîchissemens et des vivres pour leur argent. Les habitans le refusèrent. Thierry, offensé de ce refus, fit approcher ses machines et donna l'assaut à la ville, qui se défendit vigoureusement. Désespérant de pouvoir les forcer, Thierry attira les habitans à un second pourparler : il sut si bien déguiser ses intentions que les habitans lui ouvrirent les portes de leur ville et l'y

(*a*) D. Liron, Chronologie des Evêques de Chartres, mss.

reçurent avec toute son armée. Etant les plus forts, Thierry et ses troupes se rendirent facilement les maîtres de la place, qu'ils saccagèrent contre leur foi donnée, et réduisirent en cendres ce qu'ils ne purent garder ou emporter.

S. Bohaire ayant fait tout son possible pour appaiser la cruauté des soldats, s'offrit, par un excès de charité, à mourir, s'il était besoin, pour ses habitans, ou à être vendu pour la rançon qu'ils en espéraient. Un soldat l'ayant, sans aucun respect pour sa dignité, arrêté prisonnier, le chargea de chaînes, et l'emmena avec quantité d'habitans. Ayant été conduit devant le roi Thierry, en présence de ses comtes, ce roi appaisa sa colère ; et se prosternant avec ceux qui étaient en sa compagnie, aux pieds de l'évêque, ils lui demandèrent pardon, lui ôtèrent les menotes et aux autres prisonniers ; et leur ayant rendu tout ce qu'on leur avait pris, on les mit en liberté.

IV.

2ᵉ Siége. Second siége de Chartres par Hasting, chef des Normands, sous la cinquième année de l'épiscopat de Frotbold, qui siégea depuis l'an 853, jusqu'au 12 juin 858 qu'il fut tué à la prise de Chartres par les Normands, ainsi qu'il se lit au nécrologe ou livre des obituaires de l'Eglise de Chartres, en ces termes :

Pridie Idus Junii anno Incarnationis Dominicæ octingente- Souchet d'E-
simo Quinquagesimo octavo indictione VI à Paganis Sequanen- tienne, p. 17,
sibus facta est magna cædes Carnoti in qua interempti sunt 2ᵉ feuillé.
Frosboldus episcopus, Stephanus presbyter, etc.

Le nécrologe les appelle païens *senonais* ou
sequanais, parce qu'ils entrèrent en France le
long de la rivière de Seine ; de là ils vinrent à
Chartres, assiégèrent cette ville, et l'ayant prise
ils firent une grande boucherie de Frotbold, de
ses chanoines, et de quelques habitans, ainsi
qu'il est porté au nécrologe de S. Cheron de
Chartres, et en celui de l'église de Chartres. Les
annales de S. Bertin, en parlant de ce siége, disent que Frotbold, en s'enfuyant à pied, se noya
dans la rivière d'Eure, qu'il voulait traverser à
la nage.

V.

Il ne suffit pas d'annoncer ces deux siéges 3ᵉ Siége
d'Hasting et de Rollon, il est nécessaire d'en par Rollon.
rapporter le récit tel qu'il nous a été transmis
par *Paul,* moine de l'antique abbaye de Saint-
Père de Chartres, dans le célèbre cartulaire
connu sous le nom d'*Aganon*, divisé en deux
volumes sous les titres d'*Aganon primus* et d'*A-
ganon secundus* (a).

Voici un extrait de son texte, tel que les deux
manuscrits le présentent.

(a) Voir sur ces deux mss. la Notice sur l'*Aganon vetus*, cartulaire du XIᵉ siècle, conservé dans la bibliothèque publique de la
ville de Chartres, par M. Hérisson, imprimée chez Garnier en mars
1836. in-8.

Il s'exprime ainsi dans sa narration du Siége d'Hasting, fol. 2 et suivans du premier Aganon.

Placuit quoque huic inserere paginule quod locus iste sicut ab antiquorum dictis vel scriptis (a) didicimus inter regales per Galliam nobiliter fundatos et augustalibus titulis auro et argento seu ingenti ornamentorum copia omnibus que rebus mundanis quibus attollitur humana fragilitas comptus et preclarus extitit. Verum quia sepe fit ut ubi superhabundant divitie ibi socia impunitate ingentes exagerantur culpe quibus miseri homines impliciti, largitorem rerum ceca mente neglegunt et dum in peccati sumno sopiantur hostem secuntur penis plectendi perpetuis sepe tamen omnipotens Deus et affligendo miseretur peccatoribus et miserando affligit filios quos recipit.

Itaque memoratus locus non longe à menibus carnotine vrbis. Normaliter situs, non modico monachorum cetu resplendebat qui in christi amore carnis vicia mortificando comprimebat et beato Petro apostolo famulans velut lucifer tunc omnibus virtutum luce radiabat.

Vrbs denique supra memorata populosa admodum atque opulentissima inter Neustriæ urbes murorum magnitudine edificiorum quoque pulchritudine vel artium liberalium studiis habebatur famosissima. Quadam vero tempestate de transmarinis partibus cum rostratis navibus gens pagana ebulliens evaginato sue nequitie gladio, totam pene Neustriam (b) crudeliter devastabat. Nonnulla quippe loca sanctorum depopulans, voracibus tradebat flammis, civitates vero captas evertebat atque christianos aut insatiabili ferro laniabat aut in captivitate ductos sub irrevocabili corona vendebat, cujus rabies in tantum efferbuit ut per Sequanam fluvium Remigio ascenderat omnia circum quoque loca depopulans ad vrbem Carnotensem tandem perveniens anelanti pectore cupiebat evertere et omnia que in circuitu vrbis attingere potuit vastando inhabitabilem reddidit.

P. 13 de mon mss.   Cum vero vrbi exigentibus incolarum meritis per multa an-

(a) Cette expression *scriptis* prouverait, ce me semble, qu'il existait déjà des manuscrits qui probablement auront été détruits ou perdus.

(b) Il désigne l'invasion d'Hasting en...

norum curricula tantis efficeretur angustiis occisis tandem civibus, opibus sublatis atque lotis viribus fractis, ex improviso
etiam quadam nocte capitur. Christiani omnes divorsis mortibus
velut pecudas laniantur. Urbs quoque quæ quondam à Julio
Cæsare obsessa decennio perstitit inexpugnabilis et a se Roma-
nas acies Argolicas que pepulit indefessa phalanges. Erat enim
ex quadratis et immanissimis lapidibus constructa altis que tur-
ribus munita, ac icoirco *vrbs lapidum* vocitata, aque ductibus
fecunda, viis subterraneis letabunda quibus omnia sub portaban-
tur sibi necessaria, nunc ab inopi divine virtutis gente, Deo
permittente solo tenus evertitur et ignibus concrematur. Dei
tamen patientiâ que sic suorum corrigit proterviam ut in futuro
non pereant, impiissime gentis crudelitatem ad propria redire
non permisit inultam. Nam franci vndecumque conglobati ad
stationem navium pervenire maturantes, revertentibus illis cum
spoliis multis ad rates occurrunt, ibicoque audacter cum eis
configunt, quorum primo impetu ita cesi cadere ceperunt ut in
adulta hieme nemorum folia flante Borea solent cadere. Videres
eos denique prisca ferocitate deposita alios quidem ad necandum
sese in flumine vocabulo *Diva* præcipitare, alios vero incassum
ad rates confugere et pedibus equorum miserabiliter conculcari
gladiis que persequentium confodiri, ita ut ex illa tanta multi-
tudine vix pauci evasisse invenirentur in captivitate ducendi.
Dux autem corum *Astingus* vocabatur, qui quante dolositatis vir
fuerit....

Ces cruels événemens eurent lieu en 844 ou Doyen, p. 51.
845.

Ici nous terminerons cette première dévasta-
tion et ce premier ravage de la ville et du pays
chartrain, entrepris par le barbare Hasting.

Les mêmes cartulaires nous décrivent ensuite
les vols, les dilapidations commis par l'évêque
Hélie, contre le monastère de Saint-Père, qu'il
ruina entièrement et qu'il dépouilla de ses orne-
mens, de ses vases *aurea* et *argentea*, de ses

2 *

terres, de son patrimoine, enfin de toutes ses richesses et de toutes ses possessions. Elles lui furent cependant restituées, ou plutôt ce monastère les recouvra depuis, par les soins et par la générosité de Regenfroi.

Le premier Aganon nous a offert le récit du siége de Chartres par Hasting; le second Aganon nous a également transmis la description du fameux siége que Chartres soutint contre Rollon en 911 ; nous devons aussi en présenter la narration. Elle se lit ainsi qu'il suit.

Verumtamen civium culpis exigentibus, a paganis transmarinis vrbs rursum vastatur et ipse locus funditus destruitur et usque ad tempus *Haganonis* gloriosi presulis, ita permansit, qui clarus generis nobilitate ac humanum rerum copiis habundans bonisque virtutibus emicans, condoluit locum olim quidem ab honoribus venerandum, nunc autem admodum neglectum et in solitudine redactum, divine virtutis zelo succensus, accersiit lapidum cesores atque cementarios, impensas tribuit, magnopere locum ipsum restaurare jubens, restauratum que pontificali benedictione sacrare decrevit, clerinomie quoque seriem instituens qne per dies per noctes que laudes Deo debitas in ibi redderet. Et in vsus necessarios tribuens ei vineæ clausum terram que contiguam quam antecessores ejus sacrilego voto sibi subripuerunt, rura quoque credidit sufficere clericorum numero perpetua largitione condonavit qui quandiu vixit, cordis intuitu sagire voluit intentus vitilitatibus atque provectibus loci. Quo felici obitu ad sanctorum consortia de mundi hujus pelago ab Angelis translato in episcopatu ei venerabilis Ragenfredus successit.

Agan. fol. 6, . . . Duxi huic orationi miserere *obsidionem* factam *tempore*
v.   *Gantelmi* presulis tum propter novitatem temporis tum propter memorandum miraculum quod in ea patrare dignatus est Dominus Jesus Christus interventu ejusdem genitricis Beatæ Virginis mariæ. Nam transmarini pagani quibus dux præerat Rollo mare

transmeantes in Neustriæ partibus maximam terre partem vir- tute belli invadentes, septem civitates jam obtinuerant, a quo- rum vocabulo eadem terra sortita *nominatur.* Ipsi enim afflatu Fol. 7. norici Normanni vocantur, et quo nomine Normannia vocitatur. *Visco* itaque insatiabilis avaritie laborantes, per Sequanam fluvium navigantes Parisiacam vrbem obtinere ambiant, qui cum desidua obsidione et armorum exercitatione incassum labo- rare cernerent, prora navium retro vertentes obsidionem lique- rant. Itaque animi sui ambitionem ad vrbem Carnotensem toto nisu verterunt, ad quam per Sequanam remis currentes in- guialdi (aut *Ingiualdi*) fossa applicuerant, ibi denique navibus relictis prepeti cursu ad vrbem veniunt, eamque in circuitu ob- sidione vallant. Veram enim vero prefatus presul venturam obsidionem divino relatu prenoscens *Pictavensem* comitem venire sibi in auxilium mandat, *ducemque Burgundie* (a) atque duos potentissimos *Francie comites*, qui die constituto a presule pari voto cum exercitu maximo parati, christiano populo auxilium ferre, adsunt. Cumque pagani viribus et ar- mis confidentes admodum insisterent et civitatem capere fes- tinarent, pontifex die qua noverat supra dictos comites sibi venire in auxilium, valde diluculo jubet omnes suos armis muniri, et ad portas ventum ire. Trahens itaque interiorem tunicam Dei genitricis Mariæ super portam que nova voca- tur, obtutibus paganorum obtulit, portas que vrbis aperuit et christianos fidenter præliare jubet. Tunc christiani ab omni- potenti Domino viribus sumptis fortiter pugnant. Pagani vero a Deo destituti omnium membrorum viribus perditis, ex una parte a civibus mactantur et ab alia parte a supervenienti exercitu ve- lut agri fœni sternuntur. Ex quibus tanta cedes fuit, vt mor- tuorum cadaveribus aqua fluminis excluderetur, atque omnes pariter ipsa die vltrici gladio sternerentur nisi vltimi cum suo duce presidio fuge *metis* mortis carere potuissent. Vnde fac- tum est ut jam sero facto in monte Leugarum (b) devenirent Fol. 54. ibi castra metatis ac de coriis animalium se vndique muniunt. Christiani vero eos insequentes montem vallant vt proxima die

---

(a) Suivant Souchet, ces deux comtes étaient Geoffroi, comte d'Angers, et Edom ou Eudes, comte du Mans.

(b) La montagne de Lèves.

fugientes aggredient. Quem videntes pagani pavefacti machinan-
tur quomodo a periculo mortis se salvare possent. Elegerunt denique tres viros fortissimos qui latenter exirent de castris longe
que positi a castris canerent tubis. Qui cum abissent et tubis canerent, christiani audientes veriti sunt ne pagani complices illo-
rum venirent in auxilium. Tunc se colligentes in vna parte ex-
pectabant eventum rei. Pagani autem videntes locum fugiendi
paulatim silenter exeunt a castris, impedimenta omnia relin-
quentes, veloci cursu ad suas naves redeunt, inde que ad propria memores que sue confusionis atque detrimenti nequaquam
vltra addiderunt reverti ad vrbem Carnotensem...

Depuis long-temps Rollon convoitait la ville
de Paris et en faisait le siége afin de s'en rendre
le maître; cependant il en fut repoussé. Alors il
se porta avec ses troupes du côté d'Etampes,
mais il revint subitement vers Paris, et au
lieu de s'embarquer sur la Seine, il ramena avec
lui ses Normands à Chartres, dans la résolution
d'attaquer cette ville une seconde fois et de s'en
emparer. Mais quel chemin les Normands pri-
rent-ils pour arriver à Chartres? le roman du
Rou nous l'apprend. En quittant Paris ils se répandirent dans le Dunois qu'ils ravagèrent, et
Châteaudun fut l'objet de toute leur rage et fut
démantelé jusque dans ses fondemens, ainsi que
nous l'apprend Bordas, en son histoire du Dunois (inédite).

C'est après avoir dévasté, ravagé et ruiné
Châteaudun, que les Normands se portèrent sur
Chartres.

En arrivant devant cette ville, dit dom Aubert,
en son histoire inédite de l'abbaye de Saint-Père,

écrite en 1672, Rollon lui donna assaut et tua les habitans qu'il trouva aux faubourgs et ruina les maisons de tous les environs de la ville. L'abbaye de Saint-Père fut entièrement rasée, et les chanoines et les clercs qui y étaient restés, furent tous massacrés par les Normands qui prirent tous les bois et matériaux de l'abbaye et des maisons qu'ils avaient abattues, pour en faire un fort en la prairie de la porte Drouaise, duquel lieu ils assiégèrent la ville avec une telle furie, qu'il semblait qu'ils allaient la foudroyer.

Mais le vénérable Ganteaume, alors évêque de Chartres, inspiré pour ainsi dire sur les projets que méditaient les Normands, et sur le sort qu'ils réservaient aux habitans, avait demandé des secours à Richard, duc de Bourgogne, à Robert, comte de Paris, à Ebles, comte de Poitiers, qui s'empressèrent de venir avec des troupes nombreuses. La bataille était commencée; les Chartrains, commandés par leur comte Thibaut, avaient déjà repoussé les Normands dans leur fort, lorsque Richard, duc de Bourgogne, et Robert, duc de France, étant survenus avec leurs armées, prirent les Normands à dos, ce qui augmenta leur fureur et leur résistance.

La victoire paraissait incertaine lorsque l'évêque Ganteaume, revêtu de ses habits pontificaux et accompagné de son clergé et du peuple resté dans la ville, en fit ouvrir les portes, et portant lui-même la sainte chemise de la mère de Jésus-

Christ, s'avança contre les Normands qui, effrayés de l'apparition subite de cette sainte relique et frappés de terreur, furent vaincus par les habitans et par les armées de Robert et de Richard, qui en firent un si grand carnage, que leur perte fut évaluée à plus de 8000; et elle aurait été plus considérable si la crainte de la mort ne leur eût fait prendre la fuite avec Rollon. Ils se réfugièrent sur la montagne *de Lèves,* non loin du lieu où la bataille fut livrée, et se firent un camp retranché avec des pieux, sur lesquels ils étendirent des peaux sanglantes d'animaux qu'ils avaient tués. Mais ces ennemis voyant qu'il leur était possible de prendre la fuite, sortirent en silence de leur camp; ils ne reprirent point le chemin de Paris... Ils mirent tout à feu et à sang dans les endroits où ils passèrent... Les environs de Chartres, du Dunois et de l'Orléanais furent ravagés... Bonneval qui eut le malheur de se trouver sur leur passage, éprouva tout ce que la guerre et la barbarie ont de plus cruel... (*a*)

---

(1) M. Capefigue, en son Essai sur les invasions des Normands dans les Gaules (in-8, 1823, p. 178), parle du siége de Chartres par *Rollon*, dans lequel les Normands furent repoussés par les assiégés, lorsque l'évêque parut sur les remparts et déploya à leurs yeux la tunique sacrée.

Il rappelle en sa note, p. 179, que C. Dumoulin, dans le premier livre de son Hist. de Normandie (in-fol. Rouen, 1631), a rapporté des vers fort anciens, qui célèbrent cet événement et en détaillent les circonstances (liv. 1, somm. VI, p. 17, 19), et décrit les ravages des Normands à Etampes, Châteaudun, etc.

Nous venons de présenter le récit du mémorable siége de Chartres par Rollon, sous l'épiscopat de Ganteaume, tel qu'il a été écrit par *Paul* moine, dans l'*Aganon Vetus*.

Un autre auteur non moins recommandable, qui écrivait peu de temps après *Paul* moine, et que l'on pourrait peut-être même regarder comme son contemporain, nous a laissé un poème dans lequel il retrace avec énergie le miracle de la Vierge, sous l'épiscopat de Ganteaume, lorsque ce prélat développa devant Rollon et ses Normands, la chemise ou le voile de la Vierge, et à l'aide de cette relique les mit en déroute complète.

Ce poème est ainsi intitulé :

« *Ci comencent les miracles Nostre Dame*
« *quel fit por liglise de Chartres feire....*

Il avait originairement été composé en latin, et était conservé dans le trésor de l'église de Chartres. On ignore quel en fut l'auteur, mais l'original paraît avoir été perdu. Il ne s'est point rencontré dans la bibliothèque du chapitre de Notre-Dame de Chartres, lors de sa suppression et de l'enlèvement de ses archives et de sa bibliothèque.

Le seul exemplaire de ce poème qui soit parvenu à notre connaissance, existe dans la bibliothèque publique de Chartres, coté $\frac{5}{c}$ 32, grand in-4, mss. sur vélin, contenant 51 feuillets à

2 colonnes, d'un beau gothique du 13ᵉ ou du 14ᵉ siècle. Toutes les lettres initiales des chapitres, ou miracles, sont en couleur et plus ou moins historiées; celles de chaque vers sont d'un beau gothique, relevées la plupart en couleur jaune. Les titres de chaque chapitre sont du même caractère que le corps du mss., mais en encre rouge très brillante et parfaitement conservée. Il n'y a ni points ni virgules; les J, M, N, U, V, sont formés de traits droits qui en rendent les mots assez difficiles à expliquer. Les J seuls sont surmontés d'un long trait de droite à gauche, très délié et peu visible; il n'y a non plus aucun accent. Ce mss. unique est infiniment précieux et d'une très bonne conservation.

Ce poème a été traduit du latin par Jehan Le Marchant, en 1262, ainsi qu'il le dit expressément, fol. 51, vᵒ du mss. original.

Cette traduction fut faite par les soins de l'évêque Mathieu, qui, nommé en 1246 ou 1247, mourut en 1259, ainsi qu'il est énoncé en un très ancien catalogue de nos prélats, cité par Souchet (pag. 255), en ces termes : « *Inventa-*
« *rium miraculorum que in refectione ecclesiœ*
« *contigerunt in thesauro latens de latino in*
« *gallicum reddere curavit* ». Ce mss. latin a été perdu; il n'en reste plus que la traduction qui fut faite en rime française, par Mᵉ Jehan Marchant, ainsi qu'il le dit lui-même au commencement de son poème :

A laide de Dieu nostre pere
Et de sa tres benoiste mere

Les miracles quel fist jadis
Quand len fist a Chartres leglise

Voil metre en romans et en rime
Et dou latin en francais traire

L'auteur précise à peu près l'époque à laquelle il composa son Recueil ou *Inventarium*, car il se rapporte au temps où cette église fut reconstruite après l'incendie de 1020.

Cil qui le latin en escrit
Dit quant quil mit en son escrit.

Or, l'incendie eut lieu le 7 septembre, sous l'épiscopat de Fulbert.

C'est à ce grand évêque que l'on doit la reconstruction de cette magnifique basilique telle qu'elle existe encore aujourd'hui. Nous ne prétendrons pas qu'elle fut entièrement construite par Fulbert, qui mourut en 1029 ; nous dirons seulement que sa reconstruction fut commencée sous cet évêque, par ses soins, ses ordres, et probablement sur ses dessins, car à cette époque on ne rencontre le nom d'aucun architecte. Cependant il paraît qu'après le décès de Fulbert, les travaux furent dirigés par quelques architectes, « car, nous dit Souchet, dont j'emprunte

« l'autorité, j'ai trouvé dans un très ancien né-
« crologe du 13ᵉ siècle, à la date III *kal. novem-
bris* 1180 *obiit Berengarius Ecclesiæ artifex
bonus.* » Ce fait nous prouve qu'alors l'église n'é-
tait pas finie, et que les travaux à faire depuis
le décès de Fulbert avaient été confiés à un architecte.

Mais quel fut l'auteur du Recueil ou *Inventarium* latin? Jehan Le Marchant, son traducteur,
a omis de le faire connaître.

Ce poème, écrit en langue romane, est un
des plus anciens monumens de la poésie française. Il est composé de 6414 vers. On y lit 32
miracles de la Vierge de Chartres. Le 29ᵉ, qui
contient l'histoire du siége de Chartres par Rollon, nous a semblé devoir être imprimé. Il est
historique et peut être considéré comme une lé-
gende de ces temps anciens. Le poète s'exprime
ainsi :

*Comment la cite de Chartres fut délivree de ses
anemis par la seinte chemise de Chartres.*

Li liures ci empres deuise
Que par celle seinte chemise
Qui a Chartres est enchassee
Un miracle de renomee
Auint don ferei mencion
En lan de l'Inquarnacion
Nocentiesme viij anz meins par conte

Un Challes (a) si com lescrit conte
Est rois de France et dou pais
Qui ert filz au roi Lois (b)
Qui baubes (c) estoit seurnomes

Auint au tens Challes cel roi
Un tirant lors de grant desroi
Vint en France qui ot non Roul
Dont len crie oncore Haroul
En France grant onz amena
Cil tirant que il les aima
De gent paienne et sarradine
Tout destruit desus la marine
France gasta et la contree
Tout ocist et mist a lespee
Que nus ne li pot contrester
Onques ne se uolt arester
Iusqua Estampes la reau
Ou il refist moult grand fleiau
Dilleques a Chartres ala
Et la sist deca et dela
Chartres asistrent li paien
Poor orent li citeien
Qui furent dedens asegie
Car il furent forment gregie
De mangonniaus et de perrieres
Que par deuant et par derries
Gitaient pierres a leurs murs

(a) Charles-le-Simple. —— (b) Louis-le-Bègue. — (c) Bègue.

Ne se tindrent pas asseurs
Quant uirent les pierres descendre
Poair nauoient dans deffendre
Ne dessir hors ne de conbatre
Cels dehors uoient qui dabatre
Les murs se painent et trauaillent
Et a grans effors les assaillent
Si en ont eu grant esmaance
Nont en nulle aie fiance
Fors ou secours de la pucelle
Qui dame de Chartres sapelle
De celle requierent aie
Qui de Chartres a seignorie
Lors prindrent la seinte chemise
A la mere de qui fut prise
Jadis dedens Constentinoble
Precieus don en fist et noble
A Chartres un grant roi de France
Challes le chauf (a) ot non denfance
Cil rois a Chartres la dona
Dont len croit que Guerredon a
De la dame qui la uestoit
Quant le fils Dieu en le estoit
Car elle pensoit quel fust mise
A Chartres en se mestre iglise
Et quel soit oncore gardee
O leu dont est dame clamee
Li Chartain la chemise pristrent

(a) Charles-le-Chauve.

Sus les murs auquarneaus la mistrent
En leu denseigne et de benniere
Quant la virent la gent auersiere
Si la pristrent moult a despire
Et entre le a chufler et rire
Quarreaus i trestrent et saetes
Et dars turquois et darbalestes
Mes dex qui uit lor mescreance
J mostra deuine uenchauche
Il les avougla quil perdirent
La ueue quil point ne uirent
Si quil ne porent reculer
Nene porent auant aler
Quant li chartein aperceu
Le miracle et ueu
Que leur fist la dame charteine
Mentenant fu la joie pleine
Si sapareillent de issir hors
Et garnissent darmes leurs cors
Vestent haubers et lauent hiaumes
Ouec leur esuesques Gousseaumes
Qui portoit la seinte chemise
Por defense et por garantise
Auecques une autre banniere
Qui du voile de la Uierge y ere
De Chartres sen issirent tuit
O grant effors et o grant bruit
En lost des paiens tot se mirent
Si grant occision en firent
Com illeur uint a uolente

Des ocis i ot tel plente
Que la terre en fu ioinchiee
Tant i ot de gent detrenchiee
Que li Chartein ont leur espees
Dou sanc au paiens saoulees
Quant questoient en la Champaigne
Il leur vint o grant compaigne
Richart li dus des Borgueignons
Cil amenait fiers conpaignons
Quo sei auoit lost des Francois
Si grant occision en cais
I ot feite or fu doublee
Bien fierent de glaiue et despee
Charteins Francois et Bourguignons
Tuit de ferir sont compaignons
Sus la pute gent mescreue
Et quant Roul uoit quainsi creue
Est la force a ses anemis
En fuie sest meintenant mis
Quant il uoit ses gens detrenchier
Il na poeir de soi uenchier
Si senfoui o poi de gent
O. x. chevaliers seulement
De chevauchier tant esploita
Qua lisees (a) se receita
Et de son ost une partie
Fu remese eschans esbahie
Que li cretien en se uoient

(a) Lisieux.

Cil qui de seigneur point nauoient
En un mont en haut sen foirent
Illec. 1. ior se garantirent
Quant a lestor uint darreniers
Ebaltis li cuens de Poitiers
O de cheualiers grant conpaigne
Les paiens uit en la montaigne
Si les en clust tretous en tor
Mes cil qui sauoient meint tor
A mie nuit sen eschapperent
Par loust au francois sen passerent
Quant il fut ior et Francois uirent
Paiens eschapes si saillirent
Sur les cheuaus et les ensuirent
Les cheuaus frais et igniaus furent
Qui en suiuant si les atendrent
Mes li paiens les pas aceindrent
De bestes mortes de sanc teintes
Dont en tor eus furent ateintes
Que nus ne leur pot rien mefere
Francois se mistrent au repaire
Qui longuement orent chacie
Chacun le haume ou chief lacie
Sen reperent en leurs tentes
Et li paien com gent dolentes
Alerent de mort des espees
A leur seigneur droit a lisces
La dame de Chartres Marie
Au chartains fist einsi aie
Par sa glorieuse chemise

Et son voile dont ie deuise
Moult chier doyuent estre gardees
Come de uertu es prouees.

Au dernier folio 50 recto, on lit la fin de ce
poème, ainsi exprimée :

Mestre Iehan Le Marcheant
Que dex gard destre mescheant
Et doint que tos ior bien lichee
Ceste euure a dusque chief cerchiee
Mil deux cens lxij ans
Puis lIncarnation passans
Ou sexante deux en septembre
Si com par mon escript me remembre
Fut ceste besoigne acheuee
A lenneur de la dame ennoree
Qui de misericorde est fonteine
De grace seurondant et pleine
Ceste euure fut par le ouuree
Et commenciee et consumee
Au tens de nostre rois Lois
Que dex sauue en son seint pais
Et sa mere qui ot non Blanche
Qui fut dame piteuse et franche
Dex gart li rois et sa lignee
Fame et enfans freres megnee
Por le roi et por les suens
Segen pri eest reisons et sens
Car la prouende de peronne
Me dona li rois qui bien donne

𝕰𝔱 𝔰𝔢𝔤𝔬𝔫𝔡 𝔇𝔦𝔢𝔲 𝔱𝔯𝔢𝔰𝔱𝔬𝔰 𝔰𝔢𝔰 𝔡𝔬𝔫𝔰
𝔇𝔢𝔵 𝔩𝔦 𝔢𝔫 𝔯𝔢𝔫𝔡𝔢 𝔤𝔲𝔢𝔯𝔯𝔢 𝔇𝔬𝔫𝔰

Par ce que dit est ci-dessus que l'eglise de Chartres fut arse
lan mil et. xx. ouquel temps fu de nouel ediffiee ladite eglise
si come elle est a present et fist nostre Seigneur les miracles
dessus dis a lenneur de sa seinte mere la benoiste uierge Marie
pour aidier à édifier ycelle eglise de Chartres qui est la ppre et
et especial chambre de la uierge Marie en terre et elle mesmes
en son uiuant fut presentement et la uint veoir parcequillec estoient les premiers crestiens et que la cite et toute la terre de
la conte lui auoit este donnee par le prince de la terre si comme
les autres ystoires racontent et pour ceste cause se fist elle appe-
ler Dame de Chartres si comme es miracles dessus dis est deuise
lesquels miracles furent longuement reserues et gardes ou tresor
de ladite eglise et estoient en latin lesquels translata de latin en
francois ledit mestre Jehan le Marcheant lan mil CCLXII ainsi
sont depuis larsure de ladite eglise jusques à la translation diceulx miracles· CCXLII ans ou enuiron.

VI.

Sous l'épiscopat d'Hardouin, frère de Ragen-froi, Richard, duc de Normandie, pour trou-bler la tranquillité du comte Thibault, qui lui en voulait parce qu'il s'était renfermé dans la ville d'Evreux après l'avoir prise sur le duc, s'avisa, pour le forcer d'en sortir, d'aller faire une course dans le Dunois et dans le pays char-train. Il se présenta devant Chartres dont il pilla les faubourgs. Thibault, fils du comte, fit une sortie sur le duc; mais s'étant trop avancé il fut tué sur la place, ce qui fut cause que le duc prit la ville, la saccagea et la brûla avec la grande église. Ce fut le 5 d'août 962 que ce

4ᵉ Siége par Richard.

3 *

désastre arriva. Le comte Thibault en étant averti, vint en toute diligence à Chartres, croyant
y surprendre Richard; mais il n'y arriva pas
assez tôt, car le Normand ayant gagné un gros
butin, s'était déjà retiré à Rouen. (*V. Souchet.*)

VII.

Guerre du Puyset; siége de Toury.
(Années 1110, 1111.)

Les premières guerres par lesquelles le pays
chartrain fut ravagé, étaient dirigées par l'esprit
de conquête qui animait les chefs des peuples
voisins, le désir du pillage qui encourageait
leurs guerriers, la férocité de leurs caractères
qui ne connaissaient que le meurtre, l'assassinat et la destruction de tout ce qui existait
dans les contrées qui avaient le malheur d'exciter leur haine ou leur cupidité.

Jusqu'à présent nous avons vu des *barbares*,
des *étrangers habitans du nord*, et par cela seul
appelés *Normands*, jeter les troubles et la con-
sternation dans un pays déjà ravagé par les
guerres les plus sanglantes et les plus opiniâtres;
il nous faut encore reporter nos regards sur de
nouveaux désastres.

Nous n'en accuserons pas les Hasting, les Rollon et les barbares qu'ils traînaient à leur suite:
ce sont des Français eux-mêmes, qui vont appa-
raître pour ravager leur patrie; il nous faut
les signaler!

Sous le règne de Louis VI, dit le Gros, en 1110 et 1111, Hugues IV, vicomte de Chartres, fils d'Evrard III, entreprit une guerre sanglante et des plus terribles contre Louis-le-Gros, S. Yves, évêque de Chartres, et Suger, abbé de Saint-Denis.

Thibault IV, alors, était comte de Chartres. Le vicomte de Chartres, Hugues IV, retint S. Yves prisonnier pendant trois années dans sa maison du Puyset, jusqu'en 1094.

Toury appartenait à Suger ; le vicomte de Chartres s'en empare. Le Puyset, place forte par son château, et Toury, bourg important et populeux, sont tous deux incendiés, et avec eux tout le pays est ravagé.

Le vicomte fut fait prisonnier par le roi. Alors il abandonne et rend Toury avec les possessions de S. Yves. Il lui fallait expier ses crimes, et, suivant l'usage des temps antiques, il fit le voyage de la Terre-Sainte, et mourut en Syrie, vers 1132. Telle fut la fin de ce prince révolté.

Le seul château du Puyset coûta à Louis-le-Gros six années de guerre. Il avait été démoli, mais il fut ensuite reconstruit ; il n'en reste plus que des ruines qui présentent un aspect jadis formidable, et inspirent encore de grands souvenirs. Si l'on désirait plus de détails, j'indiquerais l'Histoire de Suger, par D. Gervaise. Paris, 1721, in-12, 3 vol.

VIII.

Bataille de Freteval.

(Année 1193.)

En 1193, le bourg de Freteval, situé dans le Dunois, entre Châteaudun et Vendôme, fut le théâtre d'une bataille sanglante qui eut lieu sur son territoire, entre Edouard, roi d'Angleterre, et Philippe-Auguste, roi de France. Depuis long-temps ces deux princes étaient animés de la haine la plus violente et n'aspiraient qu'à des vengeances plus cruelles les unes que les autres. Leurs armées se suivaient; celle de Richard avait dressé une embuscade entre Blois et Freteval; Philippe l'ignorait; ses troupes y furent surprises, son arrière-garde fut défaite, et Richard eut l'avantage du succès. Philippe y perdit ses bagages, son trésor, ses sceaux, les archives et les titres les plus précieux de la couronne, que, suivant le mauvais usage d'alors, les rois faisaient porter avec eux à la guerre.

Les suites de cette funeste bataille furent incalculables : les événemens les plus désastreux se précipitèrent sur la France pendant de longues années, avec une rapidité à laquelle rien ne paraissait pouvoir résister.

IX.

Bataille de Crécy, à trois lieues d'Abbeville et neuf d'Amiens.

(26 Août 1346.)

Les funestes événemens qui ont rendu fameux le bourg de Freteval, lors de la rencontre de Richard, roi d'Angleterre, avec Philippe-Auguste, qui fut victime alors de l'embuscade dans laquelle l'Anglais avait su l'entraîner, semblaient n'être que le prélude des malheurs qui devaient ensuite s'appesantir sur le royaume de France.

Philippe VI, dit de Valois, était monté sur le trône en 1328. Edouard alors régnait en Angleterre. Ces deux souverains étaient animés de passions diverses, qui, alimentées par des prétentions sur lesquelles ils ne voulaient ni s'accorder ni transiger, les portaient continuellement à des combats et à des guerres dont l'issue ne faisait qu'éloigner les élémens de la paix et exciter encore davantage la haine qui les animait.

L'Anglais ravageait toutes les contrées et les villes dont il s'emparait. Il était venu jusqu'à Poissy, d'où il envoya audacieusement à Philippe un défi pour le combattre sous les murailles du Louvre ; mais il ne reçut aucune réponse.

Philippe fumant de colère, comme dit notre Mezeray (a), d'avoir vu de sa ville capitale flam-

---

(a) Abrégé in-4, vol. 2, p. 103.

ber le cœur de son royaume, se mit à poursuivre son ennemi en grande hâte, avant qu'il eût pu traverser la Somme.

Cependant Edouard étant parvenu à passer le gué de Blanquetaque, au-dessous d'Abbeville, alla camper à Crecy.

Le lendemain Philippe se logea à Abbeville qui est à trois lieues en-deçà, avec son armée qui ne comptait pas moins de cent mille hommes.

Avec des forces aussi redoutables il pouvait envelopper Edouard ; mais croyant que l'avoir atteint c'était l'avoir vaincu, il s'empressa dès le lendemain de sortir d'Abbeville ; et sans laisser ses troupes se reposer, il se hâta de lui livrer bataille le même jour, qui était le 26 d'août, quoiqu'il fût plus de quatre heures après midi. Sa marche trop précipitée de trois grandes lieues de chemin, fit perdre haleine et vigueur aux Français avant qu'ils eussent joint les ennemis. Au contraire, les Anglais étaient frais et reposés, et leur désespoir redoublait leur courage.

Joint à cela, les arbalétriers, qui étaient la principale force de l'infanterie de Philippe, loin de servir aux Français, ne firent que leur causer de l'embarras, car peu avant l'engagement il survint une grande tempête mêlée de grêle et de pluie, dont les cordes des arbalètes furent tellement ramollies, qu'elles ne purent produire aucun effet. Ils étaient forcés de reculer devant la grêle des flèches anglaises. Le comte d'Alençon croyant que c'était trahison, de dépit leur passa sur le ventre avec sa cavalerie. Ainsi lui-même il commença la déroute, et elle fut achevée par les Anglais. Bien d'autres causes leur donnèrent la victoire.

La bataille dura depuis quatre heures du soir jusqu'à deux heures avant dans la nuit.

Philippe se retira du combat à la faveur des ténèbres, et sauva sa personne au château de Broye, de là à Amiens, et enfin à Paris, pour y refaire son armée et chercher de l'argent. Charles d'Alençon, son frère, chef de cette maison, y fut tué. Le prince de Galles, fils d'Edouard, âgé seulement de 16 ans, y fit ses premières armes.

Le lendemain de cette funeste bataille, il se fit encore un carnage deux fois plus grand que celui du jour précédent. Les milices des communes de la France, au nombre de plus de 80,000 hommes, ignorant ce qui s'était passé, marchaient en confusion pour se rendre au camp, comme à une victoire certaine : 600 lances et 2000 archers anglais les rencontrèrent dans la plaine, et pour ainsi dire les fauchant sans résistance, en mirent par terre plus de 60,000.

Laissons de côté le siége de Calais par les Anglais, vers le 8 de septembre, et la prise de cette ville, et tous les événemens plus sinistres les uns que les autres, qui portèrent le ravage et l'incendie dans la Saintonge et le Poitou, et dans lesquels fut saccagée la grande ville de Poitiers. Les Anglais alors se rendaient les maîtres d'une partie de la France.

Cependant Philippe rachetait quelques unes de ses provinces, et des trèves se faisaient entre les deux souverains. Au mois de juin 1350, elles furent prolongées pour trois ans.

Deux mois après, Philippe tomba malade à Nogent-le-Roi, petite ville à 5 lieues de Chartres. Il y mourut le 22 août, âgé de 57 ans, et dans la 23e année de son règne. Il fut inhumé à St.-Denis.

D'autres malheurs non moins funestes vont succéder à ceux qui viennent d'être décrits. Le pays chartrain qui les a vus naître lors de la bataille de Freteval, qui en a connu les suites à celle de Crécy, en présentera de non moins déplorables dans celle de Poitiers.

X.

Bataille de Poitiers.

(19 Septembre 1356.)

Jean, roi de France, avait succédé à son père Philippe VI, dit de Valois, le 22 août 1350, à l'âge de 40 ans.

Charles, son fils aîné, duc de Normandie, qui le premier des princes français fut nommé dauphin, se déclare régent. Il avait l'expérience des

affaires, une valeur éprouvée dans diverses circonstances, l'exemple des fautes de son père
devant les yeux, quatre fils bientôt capables de
tirer l'épée, tout promettait une heureuse conduite, et un gouvernement florissant. Il n'eut
pas l'art d'éviter les défauts de son père : trop
d'impétuosité, trop de précipitation pour la ven-
geance, peu de prudence et de considération
pour les misères de son peuple, le firent tomber
dans de plus grands malheurs, qui ne le quit-
tèrent point jusqu'à la mort.

Ne parlons pas de Raoul, comte d'Eu, et de
Guines, connétable, à qui il fit trancher la tête
sans forme de procès, comme accusé d'intelligences avec les Anglais. Charles d'Espagne et de
la Cerda, qui avait la charge du comte d'Eu,
fut assassiné par Charles-le-Mauvais, roi de Navarre. Charles, fils aîné du roi Jean, ayant été
nommé duc de Normandie, avait invité Charles,
roi de Navarre, de se trouver à Rouen à sa réception. Là il le fit arrêter prisonnier le 5 avril
1356. Il s'y détermina parce qu'il avait été in-
formé que le roi de Navarre traitait avec l'Anglais, et avait voulu séduire jusqu'à son fils. Cet
emprisonnement fit armer Philippe, frère du
roi de Navarre, et avec lui un grand nombre de
seigneurs. Tous appelèrent à leur secours Edouard
III, roi d'Angleterre.

Alors la trève conclue entre la France et l'Angleterre, tant de fois rompue et tant de fois re-

nouvelée, se change enfin, en 1356, en une nouvelle guerre qui fut des plus cruelles. Edouard envoie son fils Edouard, prince de Galles, fameux déjà par le gain de la bataille de Crecy, pour commander son armée.

Le roi Jean était alors à Chartres, où il rassemblait toutes ses forces pour descendre en Normandie, lorsqu'il apprit que le prince de Galles avait ravagé l'Auvergne, le Limousin et le Poitou; qu'il marchait pour en faire autant dans l'Anjou et la Touraine.

Il voulait lui couper le chemin sur la retraite; pour y parvenir il fit marcher son armée le long de la Loire. Le prince en étant averti, laissa le chemin de Tours et se retira sur le Poitou. Mais il ne put faire assez de diligence; l'armée du roi l'atteignit à deux lieues de Poitiers. Le prince le voyant si près de lui, se retrancha entre des vignes et des haies fort épaisses, proche du lieu nommé Maupertuis.

Le cardinal de Périgord, légat du pape, passa souvent d'une armée à l'autre pour empêcher qu'on n'en vînt aux mains. Edouard offrait de payer tout le dommage par lui fait dans ses courses depuis Bordeaux, de délivrer tous les prisonniers, et de ne porter les armes ni lui ni ses sujets, de sept ans contre la France. Mais le roi Jean croyant la victoire certaine, rejeta toutes ces propositions; et aveuglé de colère, au lieu de l'envelopper et de l'affamer, ce qu'il pouvait faire avec assurance en trois jours, s'en alla tête baissée avec un courage plutôt de lion que de capitaine, l'attaquer dans son fort. Mais des haies multipliées, des vignes, des chemins creux, devinrent des obstacles qui empêchèrent la cavalerie de soutenir la gendarmerie, à qui il avait, par le conseil le plus mauvais, ordonné de mettre pied à terre. Les cavaliers ne purent pas agir ; l'avant-garde fut enfoncée par un gros d'ennemis sortis de son fort et qui vint la charger.

Tous les quatre fils du roi étaient à cette bataille. Leurs gouverneurs en retirèrent les trois aînés avec huit cents lances. Philippe, le plus jeune des quatre, seul s'opiniâtra à courir la fortune de son père, et combattit à ses côtés.

La vaillance du roi soutint seule le choc assez long-temps, et s'il eût été secondé par les siens, il eût remporté la victoire. Mais accablé de tous côtés il se rendit, et Philippe son fils demeura prisonnier avec lui.

Le jeune Edouard se montra aussi courtois que vaillant, et traita le roi comme son seigneur. Le soir même il le servit à table. Cependant le lendemain, craignant que quelque accident ne lui enlevât un prisonnier aussi précieux, il le mène à Bordeaux, d'où, l'année d'après, il fut conduit prisonnier en Angleterre. Il y mourut en l'an 1364, âgé de 44 ans ; mais il ne fut point inhumé dans cette terre d'exil ; son corps fut rapporté en France, où il reçut la sépulture à Saint-Denis.

La bataille de Poitiers, qui eut lieu en 1356, signale une des époques les plus funestes de l'histoire de France. Quatre années s'écoulèrent depuis cette bataille si désastreuse, jusqu'à la paix de Brétigny.

Il est essentiel de reporter nos regards sur l'état dans lequel la France exista, ou plutôt languit sous les souffrances en tout genre qui s'appesantirent alors sur ce royaume infortuné.

Cette paix désirée par tous les partis avec une ardeur inexprimable, était d'autant plus nécessaire que la France était livrée à l'anarchie la plus déplorable, et que l'on n'y reconnaissait plus aucune autorité légitime.

Les immenses succès obtenus jusqu'alors par l'Anglais, semblèrent devoir anéantir à jamais le royaume de France. Le roi fait prisonnier, enlevé à ses états, à son peuple, à sa famille, et conduit en pays étranger; tous les genres de désordres répandus sur le territoire français devenu la proie des factions les plus criminelles; plus de chefs autres que les princes titulaires des diverses provinces, dont l'autorité ne s'exerçait que pour ajouter de nouveaux troubles et de nouveaux désastres à ceux qui couvraient l'antique monarchie française, quel affreux tableau se déroulait avec la rapidité de la foudre, sans espoir aucun et sans pouvoir présager le moment où le calme qui suit les plus terribles tempêtes ferait entendre le doux murmure des vagues appaisées et rentrées dans leur tranquillité primitive.

Cependant le prince Charles, dauphin de France, fils aîné de l'infortuné roi Jean, par un coup de cette Providence divine que l'on ne saurait trop admirer, apparut comme un astre bienfaisant. Quoique âgé seulement d'environ 21 ans, il eut le courage de prendre tout d'abord la qualité de *lieutenant*.

On n'osa pas lui contester son droit, mais des factions s'élevèrent pour le contrarier et l'affaiblir.

On vit Estienne Marcel, prévôt des marchands, et Ronsac, échevin, s'armer d'une autorité qu'ils voulaient opposer à celle du dauphin. Des Etats furent convoqués à diverses reprises, mais toujours sans aucun succès et sans aucun résultat.

Le zèle du prévôt des marchands, Marcel, dégénéra en une faction manifeste et très pernicieuse. La marque en était un chaperon mi-partie de rouge et de pers (*a*), qu'il donna pour étrennes au peuple de Paris. Il arma trois mille hommes des métiers, qui tous portaient le chaperon.

Les paysans se soulèvent contre la noblesse. Les Parisiens, ayant Marcel à leur tête, se révoltent contre le régent. Marcel massacre Robert

---

(*a*) Bleu très foncé, tirant sur le noir, couleur livide. Roquefort, Glossaire de la Langue romane, t. 2, p. 340.

de Clermont, maréchal de Normandie, et Jean
de Conflans, maréchal de Champagne, en présence et dans la chambre même du dauphin, à
qui il donne son chaperon pour sauve-garde.

Le dauphin se retire de Paris. Le roi de Navarre
y commet toutes sortes d'excès et en est chassé à
son tour. Marcel veut livrer la ville aux Anglais,
mais le 1er août 1358, Jean Maillard, fidèle et
courageux citoyen, assomma le traître Marcel d'un
coup de hache. Sa mort fit cesser la rébellion.
Le dauphin rentra dans Paris le 4 août. Il se fit
déclarer régent par le parlement.

D'autres troubles, d'autres incidens non moins
terribles les uns que les autres, s'élevèrent dans
ces temps de cruelle anarchie.

Le Beauvoisis s'insurgea à la voix d'un nommé
Caillet (*a*) qui s'en fit le premier chef, et cette
faction se nomma la *Jacquerie*; mais *Caillet* fut
pris; il eut la tête tranchée, et le dauphin mit
en pièces plus de 20,000 de ces factieux; ce qui
apaisa aussitôt ce soulevement.

Quoique le dauphin fût rentré dans Paris le
24 août, le Navarrais et ses partisans n'en conti-
nuaient pas moins leurs ravages. Alors les amis
du dauphin firent prendre ombrage à la bourgeoisie, de ce que le roi de Navarre y avait intro-
duit quelques Anglais, dont une partie fut mas-
sacrée par les bourgeois, et l'autre mise en prison
par Marcel, qui les laissa évader.

_____

(*a*) Mézeray.

Mais au moment où la ville de Paris était ré-
duite à la plus affreuse disette, et qu'il dépendait
du Navarrais de donner le coup mortel à la France, son cœur, par un bonheur inespéré, fut en
un moment touché de repentir ou de pitié, sans
qu'on pût en deviner autre cause que la grâce
et protection extraordinaire de Dieu sur la France. Animé de ce généreux sentiment, et loin de
toute espérance, il fit son accommodement avec
le dauphin, et se remit presque de toutes ses
prétentions à sa volonté.

Cette paix partielle sauva la ville de Paris,
mais elle ne soulagea point les provinces circon-
voisines, l'Isle-de-France, la Beauce, la Normandie; il fallait une paix générale. Des propositions étaient sans cesse agitées entre les deux
monarques.

Le roi Jean, malgré l'espèce de liberté dont
il jouissait, ne supportait sa prison qu'avec l'en-
nui le plus pénible. Néanmoins il s'en rapportait
aux Etats de son royaume sur les conditions que
l'Anglais lui proposait pour sa délivrance. Les
Etats, assemblés à Paris au mois de mai, les
trouvèrent si exhorbitantes, que d'une voix
unanime ils choisirent plutôt la guerre, et offri-
rent de grands secours pour la faire. Cependant
ils tardèrent à être réunis; le mal s'accroissait
vivement. L'Anglais piqué de cette réponse,
croyait pouvoir les forcer à tenir un autre langage. Il assembla une armée formidable, 1100

vaisseaux et près de 100,000 combattans. Avec
ce cortège immense, et accompagné de ses quatre
fils, il descend à Calais et se met en marche, quoique ce fût au mois de novembre. On lui laissa
tenir la campagne pendant les rigueurs de la
saison de l'hiver. Les villes étaient si bien appro-
visionnées en tous genres de munitions, qu'il
ne put en prendre aucune, ni Saint-Omer, ni
Amiens, ni Reims devant lequel il resta six semaines, dans le dessein de s'y faire sacrer roi de
France : après l'avoir pris, la Bourgogne et le
Nivernais se rachetèrent du pillage ; mais la Brie
et le Gatinais furent ravagés.

A la fin du carême il vint camper à 7 lieues
de Paris, entre Châtres et Montlhéri. Ne voyant
aucune approche de la part du dauphin, en faveur de ses demandes, il planta le piquet à l'en-
contre des portes de la ville, dans le dessein
d'obliger les Français de parler ou de combattre.
Y étant demeuré quelque temps, sans pouvoir
obtenir ni l'un ni l'autre, il rebroussa vers la
Beauce, dans la résolution de rafraîchir ses troupes sur les bords de la Loire, et en cas de quelque échec, de se réfugier en Bretagne.

Déjà le légat du pape, le cardinal Simon de
Langres, et les députés du dauphin, suivaient
toujours le camp d'Edouard, et le sollicitaient
sans cesse de faire la paix avec le roi Jean. Toutes les villes de France faisaient les mêmes vœux,
les mêmes sollicitations, et annonçaient les mêmes désirs.

Cependant l'Anglais était bien éloigné d'avoir des sentimens aussi pacifiques. Froissart nous a développé tous ses projets, toutes ses pensées dans le chap. 446, tome 4, p. 51 de l'édition de M. Buchon. Son langage est précieux, il est énergique ; c'est ainsi qu'il s'exprime :

L'intention d'Edouard était telle, qu'il enterrait dans ce bon pays de Beauce et se trairait tout bellement sur cette bonne rivière de Loire. Adonc était à Paris le duc de Normandie et ses deux frères et le duc d'Orléans leur oncle, et tout le plus grand conseil de France, qui imaginaient bien le voyage du roi d'Angleterre et comment il et ses gens foulaient et appauvrissaient le royaume de France ; et que ce ne pouvait longuement tenir ne souffrir.... Adoncques etait chancelier de France vn moult sage et vaillant homme messire Guillaume de Montaigu eveque de Thérouanne (a). Avecques lui étaient encore deux clercs de grande prudence dont l'un était abbé de Cluny et s'appelait Audruin de la Roche et était aussi docteur en théologie, et l'autre maître des frères precheurs et l'appelait-on frere Simon de Langres, maître en divinité.

Ces deux clercs dernièrement nommés à la prière du duc de Normandie et de ses frères et du duc d'Orléans leur oncle, et de tout le grand conseil entierement, se partirent de Paris le 27 avril, sur certains articles de paix, et messire Hugues de Genèves seigneur d'Anthon.... en leur compagnie, et s'en vinrent devers le roi d'Angleterre qui cheminait en Beauce par devers Gallardon. Si parlèrent ces deux prélats et le chevalier audit roi d'Angleterre et commencèrent à traiter paix entre lui et ses alliés : auxquels traités le duc de Lancastre, le prince de Galles, le comte de la Marche (March), et plusieurs hauts barons d'Angleterre furent appelés.

Si ne fut mie cil traité sitôt accompli, quoiqu'il fut entamé ; mais fut moult longuement demené ; et toujours alloit le roi d'Angleterre avant quérant gras pays. Ces traiteurs comme bien

(a) Il se nommait Guillaume Aicelin, seigneur de Montaigu.

4 *

conseillés ne voulaient mie le roi laisser ni leur propos anientir,
car ils véoient le royaume de France en si pauvre état et si grevé
que en trop grand péril il était, s'ils attendient encore vn été.
D'autre part, le roi d'Angleterre demandoit et requeroit des
offres si grandes et si préjudiciables pour tout le royaume que
enuis s'y accordoient les seigneurs pour leur honneur ; et conve-
noit par pure nécessité qu'il fut ainsi ou auques (aussi) près, si ils
vouloient venir à paix. Si que tous leurs traités et parlemens du-
rèrent sept jours, toudis (toujours) en poursuivant le roi d'Angleterre les dessus nommés prélats et le sire d'Antun, messire Hugues
de Genève, qui moult étoit bien oui et volontiers en la cour du
roi d'Angleterre. Si renvoyoient tous les jours, ou de jour à autre
leurs traités et leurs parlements et procès devers le duc de Normandie, et ses frères en la cité de Paris, et sur quelle forme ni
état ils étoient, pour avoir réponse quelle chose en étoit bonne à
faire, et de surplus comment ils se maintiendroient. Ces procès
et ces paroles étoient conseillées secrètement examinées suffisam-
ment en la chambre du duc de Normandie, et puis était rescript
justement et parfaitement l'intention du duc et l'avis de son con-
conseil aux dits traiteurs ; par quoi rien ne passoit de l'un côté ni
de l'autre qu'il ne fut bien spécifié et justement cautelé. (a) Là
étoient en la chambre du roi d'Angleterre sur son logis ainsi
comme il cheoit a point et qu'il se logeoit sur son chemin, tant
devant la cité de Chartres comme ailleurs, des dessus dits traiteurs françois grands offres mis en avant, pour venir à conclu-
sion de guerre et à ordonnance de paix ; auxquelles choses le roi
d'Angleterre étoit trop dur à entamer. Car l'intention de lui
étoit telle que il vouloit demeurer roi de France, combien qu'il
ne le fut mie, et mourir en cet état ; et vouloit hostoier en Bretagne, en Blois et en Touraine cet été, si comme dessus est dit.

(a) Nous connaissons les trois médiateurs ou *traiteurs* nommés
par le pape ; c'était Guillaume de Montaigu, évêque de Thérouenne,
Andruin de la Roche, et Hugues de Genève, seigneur d'Anthon.

Les plénipotentiaires ou *traiteurs* du régent étaient Jean de Dormans, évêque de Beauvais, chancelier de Normandie, Charles de
Montmorency, Jean de Melun, comte de Tancarville, le maréchal
de Boucicaut, Aymar de la Tour, sire de Vinay, Simon de Bucy,
premier président du parlement, et plusieurs autres, tant de l'ordre
de la noblesse que du clergé et de la bourgeoisie.

Et si le duc de Lancastre son cousin que moult aimoit et créoit, lui eut autant déconseillé paix à faire que il lui conseilloit, il ne se fut point accordé. Mais il lui montroit moult sagement et disoit : « Monseigneur, cette guerre que vous tenez au royaume « de France est moult merveilleuse et trop fretable pour vous; « vos gens y gagnent, et vous y perdez et allouez le temps. Tout « considéré, si vous guerroyez selon votre opinion, vous y vserez « votre vie, et c'est fost que vous en viengniez à votre intention. « Si vous conseille, entrementes que vous en pouvez issir à votre « honneur, que vous prenez les offres qu'on vous présente; car « monseigneur nous pouvons plus perdre en vn jour que nous « n'avons conquis en vingt ans.... »

Ces paroles et plusieurs autres belles et soutilles que le duc de Lancastre remontroit fiablement en instance de bien au roi d'Angleterre convertirent si le dit roi, par la grace du Saint-Esprit, qui y ouvroit aussi; car il avint à lui et à toutes ses gens vn grand miracle, lui étant devant Chartres, qui moult humilia et brisa son courage, car pendant que ces traiteurs françois alloient et prêchoient ledit roi et son conseil, et encore nulle réponse agréable n'en avoient vn temps et vn effondre[6] et un orage si grand et si horrible descendit du ciel en l'ost du roi d'Angleterre, que il sembla bien proprement que le siècle dut finir; car il chéoit de l'air des pierres si grosses qu'elles tuoient hommes et chevaux, et en furent les plus hardis ébahis. Et adonc regarda le roi d'Angleterre devers l'église Notre-Dame de Chartres, et se rendit et voua à Notre-Dame dévotement et promit, si comme il dit et confessa depuis, que il s'accorderoit à la paix.

Adonques était-il logé en un village assez près de Chartres qui s'appelle Bretigny; et là fut certaine ordonnance et composition faite et jettée de paix entre le roi d'Angleterre et ses alliés et le roi de France et les siens. Sur certains articles qui ci en suivant sont ordonnés. Et pour ces choses plus entièrement faire et poursuir les traiteurs d'une part, et autres grands clercs en droit du conseil du roi d'Angleterre ordonneront sur la forme de la paix, par grand'délibération et par bon avis, vne lettre qui s'appelle la charte de la paix dont la teneur se lit au chap. CDXLVII, p. 58-70 de Froissard, tome 4. Elle commence ainsi :

1360.

Chapitre CDXLVII.

Ci s'ensuit la charte de l'ordonnance de la paix faite entre le roi d'Angleterre et ses alliés et le Roi de France et les siens.

Edouard par la grace de Dieu roi d'Angleterre, seigneur d'Irlande et d'Aquitaine, à tous ceux qui ces presentes lettres verront, salut : savoir faisons que comme pour les dissentions, débats discords et estrifs (querelles) mus et espérés à mouvoir entre nous et notre très cher frere le roi de France, certains traiteurs et procureurs de nous et de notre très cher fils ains-né Edouard prince de Galles, ayants à ce suffisant pouvoir et autorité pour nous et pour lui et notre royaume, d'une part, et certains autres traiteurs et procureurs de notre dit frère et de notre très cher neveu Charles duc de Normandie, dauphin de Vienne fils ains-né (aîné) de notre dit frere de France, ayant pouvoir et autorité de son père en cette partie, pour son dit père et pour lui, soient assemblés à Bretigny près de Chartres, auquel bien est traité, parlé et accordé finale paix et concorde des traiteurs et procureurs de l'une partie et de l'autre sur les dissentions, débats, guerres et discords devant dits; lesquels traités et paix les procureurs de nous et de notre dit fils pour nous et pour lui, et les procureurs de notre dit neveu pour son pere et pour lui jureront sur les saintes évangiles tenir, garder et accomplir ce dit traité, et nous le jurerons et notre dit fils aussi, ainsi comme ci dessus est dit et que il s'en suivra au dit traité.....

Durant le pourparler de paix qui dura bien 8 jours, le roi d'Angleterre vint à Chartres faire ses dévotions avec les principaux seigneurs de la cour, le jeudi d'après la S. Jean porte Latine, 7e de mai. Il désira voir et vénérer la Sainte Chasse dans laquelle est conservée la chemise de la Ste Vierge. Le chapitre s'excusa de le faire qu'il n'en eût la permission du conseil du roi, qui était lors à Chartres, et l'ayant obtenue, il lui en donna le consentement. Après ses dévotions faites et que la paix fut signée, un chacun se retira du pays chartrain.

Ce fait important qui nous est révélé par Souchet, a été par lui découvert dans les registres capitulaires de l'Eglise de Chartres; voici le texte littéralement copié sur ces registres, et que nous produisons ici d'après la copie même qu'il en a extraite et que nous conservons dans nos recueils; elle est ainsi conçue :

Extrait du Registre capitulaire de l'Eglise de Chartres, des années 1357, 1358, 1359 et 1360, sur la paix faite à Brétigny, paroisse de Sours, près Chartres.

Die Mercurii Jubilate 1560 fol. 74. verso. capitulantibus Dñis cantore, succentore, etc., ordinatum fuit quod fiat processio devoti hac instanti die veneris in festo sanctorum Philippi et Jacobi apud S. Petrum in Valleya et ibidem fiat collatio et missa vt placeat altissimo, tractatum pacis pendentem inter reges franciæ et angliæ adimplere, quæ quidem processio proclamabitur publice per civitatem pro parte facientis officium camerarii, cum hac die et diebus sequentibus ect rex angliæ cum exercitu suo apud Sours et consilium franciæ pro pace tractanda.

Die Jovis post festum sancti Joan. ante Portam Latinam 156. fol. 75. v.

Caplantib. in revestiario Dñis cantore, succentore etc. ordinatum fuit per capitulum quod sancta capsa amoveatur de loco in quo abscondita est et ostendatur in loco consueto Dño regi Angliæ et ejus militibus qui dicuntur et sperantur esse Carnoto et venire ad ecclesiam causa perigrinationis et devotionis in septimena præsenti, si per consilium Franciæ ad præsens Carnoto residens, saltem per Dominum cancellarium Franciæ vel Dominum regentis (sic) et Symonem de Buciaco ac decanum ecclesiæ reperiatur istud expediens faciendum ad quod consilium

petendum dicti cantor, cancellarius vna cum aliis quos eligere et
habere voluerint fuerunt per capitulum deputati et ad dictam
sanctam capsam ostendendam juxta consilium supra dictum.

Die veneris subsequente caplantibus Dois prædictis capitulum
ordinavit quod dicta sancta capsa ponatur super altare et ostendatur omnibus vt est constitutum attentis relationibus consilij et
quod pax fuerat confirmata.

Die Sabbati post Sᵐ Joan. ante portam Latinam fol. 76.

Anno LX° die 6ª mensis maij fuit facta pax inter reges Franciæ et Angliæ et jurata apud Sours per Dnm regem Angliæ as-
tantibus abbate de Clun Symone de Langoys magro ordinis prædicatorum légato Dni nostri Papæ et consilio Franciæ videlicet
J. de Dormans Epo Beluacensi cancellario regnum regente Epo
Abrincensi cancellario regis Nauarræ. J. Decano Carnotensi Sᵗᵒ
de Par P. de caritate, comite de Tancaruilla, Bouciquando,
Symone de Bucy, Guillelmo de Dormans et pluribus alijs, pro
qua exequenda nutæ fuerunt treugæ sub hac forma.

Edward par la grace de Dieu roi de France et d'Angleterre et
seigneur d'Irlande, à tous justiciers capitaines et à tous nos subgiez foialx et obeissans qui cestes lettres verront salut, scauoir
faisons quentre nous pour nous et nos subgiez adherens aliez aidans et amis d'une part, et nostre cousin de France et les siens
d'autre part, sont prinses et accordees bonnes treues et loyalx
jusqu'à la St Michel prochainement uenant et de celuy jour jusqu'à un an ensuiuant qui finera le jour de S. Michel l'an 1361.
pour l'accomplissemᵗ et execution de bonne paix final et perpetuel entre nous et nostre dit cousin les subgiez adherans alliez
aidans et amis dessus dits. Pourquoy vous mandons et comman-
dons etroitement et à chacun de vous que lesdites treues faciez
crier et publier par tout et icelles tenir et garder fermement
comme en temps de bonne paix sans rien faire ou souffrir estre
fait au contraire.

Donne sous nostre priné scel a Sours deuant Chartres le 7ᵉ jour
de may lan de nostre regne de France vint premier et d'Angleterre trente-quatre.

Ces deux monumens sont d'autant plus à considérer qu'ils fixent réellement les dates de l'en-

trée du roi d'Angleterre dans la ville et l'église de Notre-Dame de Chartres, et la trève qui fut alors conclue entre les deux monarques.

On y reconnaît que le roi d'Angleterre s'y qualifiait roi de France le 7 de mai, veille du jour où la paix fut réellement signée par les deux rois.

Mais ce qui n'est pas moins important, c'est que ces deux extraits prouvent indubitablement que le Brétigny faisant partie du village de Sours, près Chartres, est réellement le Brétigny où la paix fut signée, paroisse de Sours près Chartres, et non pas les autres Brétigny auxquels des auteurs mal instruits ont voulu l'attribuer. Il y a plus, il existait jadis un château dans ce lieu de Brétigny près Chartres, qui par la suite fut détruit, en place duquel il a, depuis, été construit une grange ou manoir de cultivateur.

Suivant M. Buchon, en sa note à la fin du chap. 446, la pièce insérée au chap. 457 renferme les principales clauses du traité de Brétigny, mais n'est point le traité même tel qu'on le trouve dans Rymer : et dans la note p. 70, à la fin du chap. 448, il annonce que le nombre des chartes connues et même publiées auxquelles ce traité de Brétigny donna lieu est très considérable, que celle-ci du chap. 457 l'accroît encore et doit être regardée comme une pièce inconnue jusqu'ici. Or cette pièce est intitulée : « Ci ensuit » la charte.... Brétigny 25e jour de mai 1360. »

Le chap. 452, p. 84-90, contient une autre pièce non moins importante, ayant pour titre : « Ci s'ensuit la lettre de confédération que fit le » roi d'Angleterre à Calais, en confirmant mieux » la paix entre lui et le roi de France. A Calais » le 24e jour d'octobre 1360. »

Enfin p. 92-104, on lit la lettre de renonciation que fit le roi d'Angleterre entre lui et le roi de France, en date du même jour 24 octobre.

On trouvera encore de nouveaux renseignemens sur cette paix de Brétigny, ses antécédens et ses conséquences, dans la nouvelle édition de Froissart que M. Buchon a publiée, et dans celle qui paraîtra prochainement sous les auspices de la Société littéraire de l'Histoire de France.

Ce traité, suivant le Froissard de M. Buchon (a), fut suivi d'une lettre qui s'appelle la charte de la paix, qui forme le chap. 457, p. 58-70. Le titre en est ainsi conçu : « Ci s'ensuit la charte » de l'ordonnance de la paix faite entre le roi » d'Angleterre et ses alliés et le roi de France et » les siens... » Elle finit ainsi : « En témoin des- » quelles choses nous avons fait mettre notre » grand scel à ces présentes, données à Bretigny » de-lez (près) Chartres le 25e jour du mois de » mai l'an de grâce de notre Seigneur mil trois cent soixante. »

_____

(a) Tome 4, chap. 456, p. 57.

Le chapitre 458 décrit comment le duc de Normandie scella ladite charte.... mais le chap. 449, p. 76, présente pour intitulé : *Comment le roi d'Angleterre departit de Chartres et s'en retourna en son pays....* « Le roi d'Angleterre, » est-il dit, quand il se partit, passa parmi la » cité de Chartres et y hebergea vne nuit. A len- » demain vint-il moult devotement, et ses en- » fants, en l'eglise Notre Dame, et y ouïrent la » messe et y firent grandes offrandes, et puis » s'en partirent et monterent à cheval. Si enten- » dit que le roi et ses enfants passerent-ils la mer » et retournerent en Angleterre. »

Ces faits inconnus peut-être, et non rapportés par les historiens français et chartrains, méritaient d'être joints à tous ceux qui doivent accompagner la fameuse paix de Brétigny.

On ne peut pas disconvenir que cette paix de Brétigny est une des époques les plus intéressantes de l'histoire de France.

S'il a été nécessaire de décrire les faits, les circonstances, les événemens qui se sont multipliés avant et depuis la bataille de Poitiers en 1356, jusqu'à cette paix de Brétigny, en 1360, il n'est pas moins essentiel de reporter nos regards sur l'état dans lequel la France existait à cette époque, et combien il était nécessaire que cette paix ramenât le calme et l'ordre dans ce royaume presque anéanti.

Toutes les provinces qui le composaient étaient

soulevées et avaient secoué le joug de l'autorité royale. Les seigneurs, les puissans, quelque fussent les titres dont ils se décoraient, se croyaient autant de souverains qui n'avaient d'autre but, d'autre désir, d'autre ambition, d'autre cupidité que de se détacher de la tige principale de la monarchie légitime, pour s'ériger eux-mêmes en souverains, et se faire les rois de toutes les provinces qu'ils auraient envahies, ou qu'ils se seraient partagées.

Le roi d'Angleterre voulait se faire sacrer roi de France, et agrandir son autorité à l'aide des grandes possessions qu'il convoitait. Comment s'y opposer, lorsqu'il s'était, pour ainsi dire, fait le monarque souverain de tout le territoire français? Il fallait donc subir le joug qu'il imposa.

Le traité qui nous a transmis les tristes et humiliantes conditions, qu'alors on fut contraint d'accepter, et auxquelles on fut forcé de se soumettre, n'est pas entièrement connu.

Beaucoup d'historiens en ont parlé. Ils se sont plus ou moins étendus sur les faits qui l'ont précédé, sur ceux qui l'ont accompagné et qui l'ont suivi; mais aucun d'eux n'en a présenté le texte. Il était cependant bien essentiel d'en faire connaître toutes les dispositions et toutes les stipulations.

Il semblerait que ceux qui ont écrit l'histoire de ces temps désastreux n'ont pas osé le pu-

blier, qu'ils étaient encore frappés de la terreur
des armes anglaises, ou qu'ils voulaient, par
leur silence, en effacer le souvenir. Froissard en
parle, mais sans en faire connaître les dispositions et les conventions.

Aucun des historiens du pays chartrain, qui
nous ont transmis quelques événemens de cette
époque, n'a rapporté ce traité ; ils se sont con-
tentés de le citer.

Villaret, continuateur de Velly, a présenté
l'extrait de 40 articles de ce traité de paix,
(p. 408-418 du ixe vol. de son Hist. de France;
Paris, 1775, in-12.); mais cet extrait est trop
superficiel et ne peut jamais remplacer le texte
original de ce traité.

Il a été imprimé en son entier par Rymer,
dans sa collection in-fol. Act. publ., t. 3, 1 et 2.
V. la Bibl. de France du P. Lelong, édit. de Fontette, t. 3, n° 29,381, sous lequel ce traité est
annoncé : *Traité de Bretigny pour la délivrance du roi Jean en 1360*; in-fol. conservé en ma-
nuscrit dans la bibliothèque du roi, n°s 8424 et
9382, ainsi annoté : *Traité de Brétigny avec
toutes les lettres, passeports et commissions pour
la délivrance du roi Jehan de France, prisonnier des Anglais;* in-4, recueil en vélin, que
l'on croit être de l'an 1366, et qui est dit avoir
appartenu à Claude Fauchet.

Je croyais ne jamais pouvoir me procurer ce
fameux traité, lorsque j'ai eu l'avantage de le ren-

contrer dans les mémoires du chancelier de l'Hôpital, contenant plusieurs traités de paix....
vol. petit in-12, Cologne, Pierre ab Egmont,
1672, où il se lit, p. 140-152.

Je le présente comme un des plus intéressans
monumens de l'histoire de ces temps de néfaste
mémoire, et tel qu'il se lit dans le recueil du
chancelier de l'Hôpital.

On y trouve la liste des provinces qui composaient alors une partie du royaume de France ;
les divisions que l'Anglais avait imaginées pour
rompre l'unité de ce royaume ; les provinces
qu'il avait eu l'art de s'approprier ; les sommes
en argent qu'il exigeait impérieusement ; les conditions rigoureuses qu'il imposait, et tout ce
qu'il avait inventé pour abaisser la France et couvrir d'humiliation son roi déjà trop accablé par
les immenses malheurs qui avaient frappé sa couronne sans la flétrir et sans abattre son courage.

XI.

Traité de Paix fait à Brétigny.

1360.

L'an 1560 le 8e jour du mois de may, traité de paix fut fait
entre le roy de France et d'Angleterre, fait au lieu de Brétigny
lez Chartres, par Charles aîsné fils du roy régent le royaume;
duc de Normandie, et dauphin de Vienne, pour mr le roy et luy
d'une part et les Anglois d'autre.

Premièrement, outre la Guyenne et Gascogne, les Anglois
auront

Poictou	Les fiefs de Toüars
Les fiefs de Belle-Ville	
Xaintonge deça et delà la	
Charente,	Argenois
Périgord,	Limosin
Cahors,	Tarbes
Comté de Bigorre, pays de	
Garre,	Angoulmois
et Roddez,	

Et les tiendront comme a fait le roy, c'est à sçavoir ; ce qu'il tenoit en souveraineté et domaine. Item Monstrüil sur la mer.

Tout le comté de Ponthieu, saufs les choses qui auront esté aliénées par les rois d'Angleterre et autres, que les roys de France et ceux qui les tiennent en leurs mains les rendront, excepté si elles ont esté aliénées à autres personnes, et depuis venans ès mains du roy par partage ou autrement. Le roy ne les rendra, si les choses doivent l'hommage, le roy baillera tenancier pour faire le devoir dans un an qu'il sera party de Calais, auront :

Calais,	Mere,
Saugatte,	Coulogne,
Haines,	Wales,
Saint-Omer,	Oye,

en domaine pour en ordonner à leur volonté, excepté les biens d'église quelque-part qu'ils soient assis et ceux des gens de Mere et de Calais, et jusques à la valeur de cent livres de terre par an, le comté de Guyenne, et toutes les isles adjointes aux terres sus-nommés.

Quitteront et transporteront le roy et le régent son fils aux rois d'Angleterre tout droict de seigneurie, souveraineté, et ressort desdites terres, manderont à tous prélats et seigneurs qu'ils ayent à leur obéir, absoudront leurs subjets du serment, auront lesdites terres déchargées de toutes aliénations, donations, obligations, contractées depuis dix ans, excepté les choses données aux églises.

Si dedans les Meres des pays baillez au roy d'Angleterre, il y avoit des terres qui anciennement eussent esté en possession depuis la journée de Poictiers, qui fut le 19 septembre 1356 elles seront au roy d'Angleterre.

Renoncera le roy d'Angleterre à tout droict qu'il prétend à la couronne et royaume de France, hommage et souveraineté de Normandie, Touraine, Anjou, le Moine, Bretagne, Flandre, et toutes autres demandes qu'il faisait en France.

Se feront lesdites renonciations respectivement par l'un et l'autre au lieu où ils adviseront estant à Calais.

Le roy d'Angleterre fera amener le roy dedans trois semaines après la Saint Jean à Calais à ses dépens horsmis les fraix de l'hostel du roy.

Payera le roy trois millions d'écus d'or, dont les deux vallent un million de la monnoye d'Angleterre, à sçavoir six cent mil livres à Calais quatre mois après que le roy sera arrivé, et dedans l'an quatre cent mille livres jusques à plein payement.

Payeront lesdites six cent mil livres et bailleront ostages et délivront au roy d'Angleterre les villes de la Rochelle et de Guyenne, le roy sera mis en liberté, et néantmoins ne se pourra armer, ny les gens, jusques à ce qu'il ayt accomply ce que dessus.

Les ostages estoient,

Loüys comte d'Anjou et Jean comte de Poictiers,

Les ducs d'Orléans et de Bourbon,

Et comte de Blois, ou son frère comte d'Allençon, ou Pierre son frère comte de St. Paul,

Les comtes de Harcourt et de Valentinois,

De Broine, de Vaudemont et de Foix,

Seigneurs de Coucy Preaux,

Loüys de Harcourt, Jean Deligny,

Outre les dessusdits demeuroient ostages seize qui avoient esté pris prisonniers à la bataille :

Mre Philippes de France,

Les comtes d'Eu et de Longueville,

De Tancarville et de Joigny,

De Sancore et de Dommartin,

De Vantadour et de Sarrebruche,

D'Auxère et de Vendosme,

Les sieurs de Croon et d'Orval,

Le maréchal d'Andrehan et le sire d'Autigny.

Lesdits seize prisonniers seront délivrés sans payer rançon et si aucun d'eux estoit désja hors d'Angleterre sera contraint y retourner.

Le roy sera tenu en bailler d'autres, si-tost que le bailly d'Amiens, ou de St. Omer, en auront esté advertis par le roy d'Angleterre.

Et néantmoins pourra le roy en partant de Calais en amener dix desdits ostages, tels que lesdits roys adviseront, et suffira qu'il en demeure trente.

Trois mois après que le roy sera party de Calais, envoyera en ostages quatre personnes de Paris et deux des plus suffisans des villes qui en suivent :

St. Omer,	Arras,
Amiens,	Beauvais,
Lille,	Doüay,
Tournay,	Reims,
Chaalons,	Troyes,
Chartres,	Thoulouze,
Lyon,	Orléans,
Compiègne,	Roüen,
Caëen,	Tours,

Et Bourges.

Le roy sera amené d'Angleterre à Calais et demeurera quatre mois, pour le premier ne payera rien et pour les autres dix mil royaux pour châcun.

Un an après le départ de Calais, Jean de Montfort aura le comté de Montfort, en faisant hommage-ligé au roy, ensemble ses autres héritages qui ne seront du duché de Bretagne, et s'il veut demander quelque héritage dudit duché hors le dit pays de Bretagne, lui sera faite bonne et briefve justice en la cour de France.

Sur le différent qui est entre ledit de Montfort et Charles de Blois pour le duché de Bretagne, s'efforceront lesdits roys dans un an de les mettre d'accord, et au cas qu'ils ou leurs amis ne les puissent accorder, les parties feront comme bon leur semblera, les amis de l'une et de l'autre des parties les pourront ayder et favoriser, sans en pouvoir estre blâmez. Et si l'une des parties ne vouloit comparoir ou obéir à ce qui auroit esté ordonné, les deux roys en faveur de l'autre seront contre elle, mais ne pourront prendre guerre pour ce sujet.

La souveraineté et hommage du dit duché demeurera au roy.

5

Tous les pays baillez audit roy, joüyront de toutes leurs franchises et libertez.

Le roy rendra à Philippes de Navarre, ou à ses adhérans, tout le bien qu'ils doivent tenir en France.

Ne leur fera aucun reproche ou blâme, leur pardonnera toutes offences, leur baillera lettres en bonnes formes, et les recevra comme ses vassaux.

Le roy d'Angleterre pourra donner pour cette fois seulement à qui il voudra, les terres de Mre Geoffroy de Harcourt, à tenir du duc de Normandie, ou d'autres de qui elles doivent tenir toutes terres bannies, leurs adhérans, églises seront restituées en tel estat qu'elles estoient auparavant la guerre, excepté la vicomté de Fronsac, et M. Jean Grailly, qui demeureront en l'estat qu'ils sont.

Le roy délivrera au roy d'Angleterre toutes lesdites terres dans le jour de St. Michel en un an après son partement de Calais.

Le roy délivrera au roy d'Angleterre le comté de Pouchies, ceux de Montfort, Xaintonge et Angoulesme, sera tenu le roy d'Angleterre rendre toutes celles qu'il tient en France, excepté Bretagne, et celles qui lui doivent appartenir par ce traité.

Délivrera le roy ces places à ses propres coust et dépens et semblablement le roy d'Angleterre celles qu'il doit rendre.

Les prélats pour le regard de leur temporel, tiendront de celuy où sera assis le temporel.

Le roy se départ de l'alliance d'Escosse, et celui d'Angleterre des flamens, et à l'advenir n'en feront aucune contre l'un ou l'autre roy.

Collations de benefices faites durant la guerre d'une part ou d'autre tiendront.

Le présent traité sera pareillement confirmé par le pape.

Les subjects des deux roys qui voudront estudier aux universitez de France ou d'Angleterre, joüiront des privilèges d'icelles.

Pour assurer ledit traité, lesdits deux roys et leurs fils aisnez en bailleront lettres scellées de leurs sceaux, jureront eux, leurs enfans, princes du sang, et autres seigneurs, jusques au nombre de vingt de châcun costé et s'il y avait quelques desobeïssans au dit traité, se mettront en peine de les rendre obéissans.

Se soubmettront à la correction du pape, renonçant à toutes guerres.

Tous autres traitez fait auparavant entre les deux roys, nuls et de nulle valeur.

Les deux roys estant à Calais, jureront ce traité et trois septmaines après que le roy sera party, en baillera lettres de confirmation, et icelles envoyera à Calais, après le roy baillera les siennes.

Touchant les ostages de leur maniere, et de leur département, le roy en advisera à Calais.

Toutes lesquelles choses furent accordées et passées par les députez des roys, à sçavoir pour le roy:

Jean Elie de Beauvais, pair de France, chevalier,
Mre Estienne de Paris, chanoine,
Pierre de la Chastre, chantre de Paris,
Jean d'Angereau, chanoine de Chartres,
Jean de Maufle des Bouvion, mareschal de France,
Charles, sire de Montmorency,
Aimand de la Touche de Vinai,
Jean de Groust, Riedaut, Angoulans,
Pierre Dumont,
Simon de Bucy de Dormans,
Jean de Marais,
Jean de Maillart, bourgeois de Paris,

De la part du roy d'Angleterre :

Henry duc de Lanclastre,
Guillaume comte de Northampton,
Le comte de Sitason,
Guillaume comte de Salbery,
Gaultier, sire de Mauvi,
Jean de Beauchamp,
Jean Captol de Buch,
Jean Chauder,
Jean vice-chancelier et autres.

Le pape Innocent V estant cardinal en personne, et depuis pape par ses légats :
Le cardinal de Boulogné et de Perigort,
André de la Roche abbé,
Et Mre Huygues de Geneve, seigneur d'Anjou.
Les ambassadeurs estoient moyenneurs du dit accord.

5 *

Le roy d'Angleterre ordonne Thomas de Beauchamp, comte de Varvick, mareschal, et Thomas d'Hollande, lieutenant en France, pour garder et entretenir ledit traité.

Fait devant Chartres, le 8 may, lan du règne de France 21, et d'Angleterre 54.

Après la signature de ce traité de Brétigny, il semble que le roi Jean aurait dû recouvrer sa liberté et cesser d'être encore prisonnier de son vainqueur, mais il en fut autrement. On n'avait nullement stipulé la liberté du roi de France dans ce traité si important. Quels en furent les motifs? Les historiens ont gardé sur cette grave question un silence que personne jusqu'à présent n'a osé interpréter. Etait-ce une condition secrète de ce traité, sans laquelle il n'aurait pas été conclu? Voulait-on conserver ce monarque comme un ôtage de l'exécution du traité? A la vérité le roi Jean séjourna en France pendant quelques années, mais à la fin de l'an 1363, il s'embarqua à Boulogne et retourna en Angleterre, où il resta près de quatre ans. Il y fut attaqué, vers la mi-mars, d'une maladie à laquelle il succomba le 8e jour d'avril 1364. Il mourut dans l'hôtel de Savoye, hors les murs de Londres, après avoir vécu 52 ans et avoir tenu le sceptre pendant 13 ans et 8 mois. Ainsi sa mort termina les malheurs de son règne.

Le roi d'Angleterre honora son trépas d'une pompe funèbre digne de la grandeur de ce prince et de sa propre générosité. Transporté en France, il fut d'abord déposé à l'abbaye de St-Antoine-des-Champs, près Paris. Le dimanche 5 mai, le service fut célébré à la cathédrale, et le lendemain le corps fut transféré à St-Denis.

XII.

Meurtre du duc d'Orléans par le duc de Bourgogne.

(1407 à 1408.)

RÉCONCILIATION.

Charles VI, âgé de 12 ans et 9 mois, avait succédé à Charles V en septembre 1380, et fut sacré à Reims le 4 novembre. Son règne fut fort long et extrêmement malheureux. Toutes les factions les plus criminelles et les plus sanguinaires s'étaient emparées du royaume de France. Le roi, dont la santé était dans un état qui lui ôtait souvent l'usage de ses facultés intellectuelles, ne semblait régner que dans les momens où son esprit lui permettait d'ordonner et d'agir.

Deux princes se disputaient le gouvernement, ou plutôt voulaient régner à la place du souverain : c'était Jean, duc de Bourgogne, et Charles, duc d'Orléans. Vainement on avait essayé de les réconcilier ; mais celui de Bourgogne, nonobstant sa feinte réconciliation, se porta enfin, par la plus affreuse trahison, à faire assassiner le duc d'Orléans. L'exécuteur de ce meurtre horrible fut un gentilhomme normand que Mezerai désigne sous le nom d'Oquetonville, qui le commit pour assouvir un ressentiment particulier qu'il avait contre le duc d'Orléans. Le coup fatal lui fut porté pendant la nuit du 23 au 24 novembre 1407, rue Barbette, par ordre du duc de Bourgogne.

Au premier bruit de ce meurtre, le duc de Bourgogne fit bonne contenance; il assista même aux funérailles de sa victime, la plaignit, la pleura, ou plutôt, par un raffinement de cruauté, il feignit de répandre des larmes. Mais l'horreur de son crime le troubla à un tel point, qu'il tira le duc de Bourbon à part, et lui confessa qu'il en était l'auteur. Cependant il craignit d'être arrêté, et le lendemain il s'enfuit en Flandre avec ses assassins, qui lui servirent d'escorte.

Le duc d'Orléans avait épousé Valentine de Milan. Il laissa trois fils légitimes : Charles, père de Louis XII; Philippe, comte de Vertus; Jean, comte d'Angoulême, aïeul de François Ier, et pour bâtard le comte de Dunois, chef de la maison de Longueville, qui depuis s'illustra par ses hauts faits d'armes.

Au lieu de venger l'assassinat du duc d'Orléans, on reçut la justification de son meurtrier, qui, en se retirant en Flandre, avait chargé le docteur Jean Petit, cordelier, de le défendre (*a*).

_____

(*a*) V. Dict. de Ladvocat, t. III v° Petit, p. 128.

Mais comme dit Papinien à Caracalla, « il n'est pas si facile de justifier un meurtre que de le commettre ».

Monstrelet, en ses Chroniques, édit. de M. Buchon, t. 1, chap. 39, p. 241, rapporte comment le duc Jean de Bourgogne fit proposer devant le roi et son grand conseil, le 8e jour de mars 1407, ses excusations sur la mort du susdit duc d'Orléans.

Le discours exécrable de l'infâme cordelier Jean Petit, *excusateur* de Jean de Bourgogne, se lit au même chap., p. 241-324.

Mais ce qui est surprenant, c'est que le duc de Bourgogne, après sa justification par Jean Petit, fit l'aveu de ce meurtre, et s'en déclara l'auteur. Le chap. 40, p. 324 et 326 de Monstrelet le constate. La doctrine contenue dans ce plaidoyer est si atroce, que Jean de Montaigu, évêque de Paris, la condamna comme hérétique, le 23 novembre 1414. Le concile de Constance la condamna de même l'année suivante... Le roi fit prononcer le 16 septembre 1416, par le Parlement de Paris, un arrêt sanglant contre ce pernicieux libelle, et l'Université le censura.

Ce plaidoyer et tous les actes concernant cette affaire, se trouvent dans le cinquième tome de la dernière édit. de Gerson, in-fol. 1706.

Mais pour connaître plus parfaitement ce qui concerne ce fait si fameux de l'inconcevable justification du duc de Bourgogne, il faut recourir

aux pièces et écrits énoncés sous les nᵒˢ 17108-
17118 de la Bibliothèque de France de Fontette,
t. 2.

Cependant une réconciliation des deux maisons, qui néanmoins ne fut que simulée, se fit
à Chartres, dans l'église cathédrale de Notre-
Dame.

Les enfans du duc d'Orléans, qui désiraient
et qui méritaient avoir une satisfaction éclatante
du meurtre de leur père, avaient obtenu du roi
que le duc de Bourgogne se rendrait, au mois
de février suivant, en cette ville de Chartres,
où le monarque devait aussi se trouver, pour
faire satisfaction à ses neveux de la mort de leur
père, et afin de donner lieu au duc de se justifier, et par ce moyen réconcilier ces deux maisons.

Le samedi 2 mars, le duc de Bourgogne se
rendit à Gallardon, accompagné des comtes de
St-Paul et de Vaudemont, et de plusieurs autres
seigneurs. Le roi était venu à Chartres, afin de
témoigner qu'il ne tenait pas à lui que ses neveux ne tirassent pas raison de la mort de leur
père ; et le mercredi suivant, après qu'il y fut
arrivé, Guillaume, comte d'Hollande, s'y rendit
aussi avec ses bassinets (soldats).

Le samedi ensuite, le duc de Bourgogne partit de Gallardon pour venir trouver le roi ; il
s'était fait accompagner de 600 hommes d'armes.
Lorsqu'il fut proche de la ville, il fit glisser de-

dans tous ses gens, à l'exception de 100 cavaliers qu'il retint d'après le traité qu'il en avait fait auparavant. Il entra dans Chartres sur les dix heures du matin, et se logea dans le cloître Notre-Dame.

Le duc d'Orléans et le comte de Vertus, son frère, s'y rendirent aussi accompagnés seulement de 50 chevaux, suivant le même traité.

Le roi, la reine, le duc d'Aquitaine leur fils, et autres princes, et les enfans du défunt, s'y présentèrent aussi pour trouver les moyens de faire un accommodement et leur procurer une bonne paix avec le Bourguignon.

On dressa à cet effet dans le pulpite (jubé) de l'église cathédrale, un échafaud ou théâtre d'ais (planches) sur lequel le roi était assis auprès du crucifix, et autour de lui étaient la reine, le dauphin et sa femme, fille du duc de Bourgogne, les rois de Sicile et de Navarre, les ducs de Berry et de Bourgogne, le cardinal de Bar, le marquis du Pont (ou de Pont) son frère, l'archevêque de Sens, et notre prélat Martin Gouge ; quelques autres évêques et seigneurs étaient devant le roi avec lesdits enfans du duc d'Orléans.

Aux entrées de l'église, sa majesté avait fait mettre quelques compagnies comme en forme de bataille, pour empêcher qu'il ne se fît quelque émotion.

Le duc de Bourgogne étant arrivé dans l'église et monté au pupitre, chacun se leva devant lui,

excepté le roi qui ne bougea de son siége. Tous
ayant repris leurs places, le duc de Bourgogne
s'approcha du roi, assisté du sieur d'Ollehaing,
son avocat, et s'agenouillèrent tous deux devant
sa majesté, à laquelle l'avocat ayant demandé
pardon au nom du duc, le duc ajouta lui-même :
Sire, je vous en prie. Ce que firent pareillement
le dauphin, les rois de Sicile et de Navarre avec
le duc de Berry, auxquels le roi répondit qu'il le
voulait bien, et l'accorda pour l'amour d'eux.
Le duc de Bourgogne s'étant approché du roi,
sa majesté lui dit : *Beau cousin, nous vous ac-
cordons votre requête et vous pardonnons tout.*

Ensuite le duc de Bourgogne s'adressa avec
son avocat au duc d'Orléans et à son frère, auquel il demanda pardon par l'organe de son
avocat, et le duc ajouta, *et de ce je vous prie.*
A quoi eux n'ayant rien répondu, le roi leur
commanda d'accorder la requête du duc : ce qu'ils
firent en apparence et pour ne désobéir à sa majesté, mais plus des lèvres que du cœur. En
même temps il fut apporté un missel par le cardinal de Bar, sur lequel les parties jurèrent respectivement de garder la paix l'une envers l'autre. A quoi le roi ajouta qu'il voulait que dorénavant ils fussent bons amis, leur défendant
très étroitement qu'ils n'eussent à s'entre-faire
dommage ni grief, à peine de forfaire envers lui.
Ce que lesdits princes promirent d'entretenir.

Environ une heure après que cette cérémonie

fut achevée, le duc de Bourgogne partit de Chartres pour s'en aller dîner à Gallardon, et delà s'en fut à Paris. Le roi et toute sa cour s'y rendit à la mi-carême. Le duc d'Orléans et son frère s'en retournèrent à Blois, fort mécontens de n'avoir eu autre satisfaction : beaucoup en murmuraient, disant que dorénavant on aurait bon marché d'occir et assassiner les princes, puisqu'on ne faisait guerre d'état d'en faire justice. Effectivement cette paix ne fut qu'un emplâtre lénitif qui couvrait seulement la plaie, mais ne la consolida pas. Un plaisant qui suivait le duc de Bourgogne, pour se moquer de cet accord, eut raison d'aller acheter une paix qu'on fit baiser durant la messe, qu'il fit couvrir d'une fourrure et la présenta au duc de Bourgogne, lequel lui demanda ce que c'était; « C'est une paix fourrée, lui dit-il », voulant dire par là que la paix qu'il venait de faire avec le duc d'Orléans et son frère, n'était qu'une paix fourrée. M. de Barante attribue ce fait au fou du duc de Bourgogne.

La prétendue réconciliation des princes, enfans du duc d'Orléans, avec le duc de Bourgogne, n'avait nullement ramené la paix en France. Les mêmes factions qui semblaient s'être partagé ce royaume afin de mieux l'anéantir, avaient repris toute leur force.

Il serait trop douloureux de rappeler les détails de toutes ces entreprises et de tous les maux qui couvrirent la France à ces désastreuses épo-

ques. Les Armagnacs, les Anglais, les Bourguignons, se disputaient sans cesse à qui aurait l'autorité.

Les Anglais avaient été rappelés par le duc
d'Orléans, d'accord avec le roi. Ils dominèrent
en France pendant environ 30 ans. Chartres
fut, pendant environ 16 ans, entre leurs mains
et celles des Bourguignons.

Helyon de Jacqueville, qui était de Chartres
et qui en avait été fait gouverneur par le duc de
Bourgogne, et en avait chassé les officiers du roi,
reprochait à plusieurs habitans d'être *Armagnacs*, et par ce moyen les pillait, les faisait
mourir ou bannir; mais il reçut la punition de
ses crimes.

La reine était à Chartres, et pendant son voyage, Saveuse, gentilhomme picard, qui s'était
pris de paroles avec Jacqueville, l'arrêta en re-
venant du palais épiscopal, le tira hors de l'é-
glise et le perça de plusieurs coups d'épée dont
il mourut.

Ce Jacqueville avait été l'assassin du fidèle
Bureau de la Rivière, de la maison du Puiset,
Seigneur d'Auneau, qu'il « assomma avec une
» petite hachette qu'il tenait en sa main, et dont
» il lui donna un si grand coup qu'il lui fendit
» la tête, et qu'il en mourut. »

Pendant leur séjour à Chartres, une des rues
de cette ville fut nommée rue des Anglais; c'est
celle de Chuine, qui a son entrée par celle de

Ste-Mesme et se termine au carrefour de Ste-
Foy. Ils avaient même un cimetière particulier;
il était situé dans la rue circulaire dite autrefois
de Ste-Foi, et dans laquelle se voit maintenant
la place de la Comédie.

L'histoire de toutes ces affreuses discordes et
des haines qui couvrirent la France de troubles
et de malheurs incalculables, sont décrits dans
l'Histoire des Ducs de Bourgogne par M. de Barante, qui a eu le soin de la généraliser, parce qu'il
lui a semblé qu'elle s'était répandue sur toute
la France. Je ne puis me dispenser d'indiquer
ici les auteurs qui ont recueilli avec le plus grand
soin les histoires contemporaines de Charles VI;
ce sont: 1o Guy de Monceaux et Philippe de
Villette, et Jean Lefevre, traduites et mises au
jour par J. le Laboureur, historiographe de
France; Paris, Bellaine, 1671. 2 vol. in-fol.
Bibl. de France, tome 2, no 17129.

2o. Hist. de Charles VI, depuis 1380 jusqu'en
1422, par Jean Juvenal des Ursins, archevêque
de Reims, 2e édit., par Denis Godefroy; Paris,
impr. royale; 1653, in-fol., 1 vol. Bibl. hist.
de France, no. 17142.

3o. L'Hist. de Charles VII, par Jean Chartier
et autres, depuis 1422 jusqu'en 1461, mises en
lumières par Denis Godefroy; Paris 1661, in-fol.
1 vol. Bibl. hist. de France, no. 17270.

4o. Les Mémoires pour servir à l'Hist. de
France et de Bourgogne, contenant un journal

de Paris, sous les règnes de Charles VI et Charles VII, etc., etc.; Paris, Gandouin et Giffart, 1729, 2 tomes en 1 vol. in-4.

XIII.

Bataille d'Azincourt. — Le duc de Bourgogne s'empare de Chartres.

(1415, 1416, 1417, 1418.)

On ne peut se dispenser de rappeler sous l'année 1415 la fameuse bataille d'Azincourt. Elle eut lieu aussi entre les Anglais et les Français. Ceux-ci s'étaient logés à Azincourt, qui est dans le comté de S.-Pol en Picardie.

Les Anglais fatigués voyaient les Français quatre fois plus forts, et se croyant perdus si on en venait aux mains, leur envoyèrent offrir de réparer les dommages par eux faits en France depuis leur descente. Mais leurs offres furent rejetées avec raillerie, et on leur présenta la bataille le lendemain 25 octobre. Les Anglais étaient commandés par le roi Henri V; la victoire se déclara en leur faveur.

Les mêmes causes qui avaient fait perdre celle de Poitiers, firent encore perdre celle-ci. Le champ de bataille resta couvert des corps de plus de 6000 Français. Charles d'Orléans y fut fait prisonnier.

Ce qui périt de noblesse dans cette journée ne peut se nombrer.

Nous rapporterons seulement pour la singularité du fait, que Jean de Montaigu, qui fut tué à cette bataille, était fils du chambellan, et frère du surintendant : il fut tour-à-tour évêque de Chartres, président des comptes, archevêque de Sens, chancelier de France; il présida à une assemblée du clergé et finit par aller se faire tuer à Azincourt, où il combattit vaillamment pour venger la mort de son frère, que le duc de Bourgogne avait fait tuer. On trouve dans le catalogue des évéques de Chartres, ce Jean de Montaigu comme ayant succédé à Jean Lefebure en 1389, et ayant eu pour successeur Martin Gouge en 1406. Il avait été, en la même année, nommé archevêque de Sens.

Il était fils de Girard de Montaigu, chambellan de Charles VI, et frère de Montaigu, qui, comme surintendant, eut la tête tranchée en 1408.

Ne croyons pas que cette bataille d'Azincourt servit à ramener la paix entre les Anglais et les Français; ces deux peuples n'en devinrent que plus acharnés l'un contre l'autre.

Les Anglais rentrèrent en France. Tout le royaume était inondé d'ennemis. Le duc de Bourgogne rentra aussi dans Paris.

Le pays chartrain fut exposé à tous les malheurs que les guerres civiles entraînent avec elles. Nous n'en ferons point la narration, quelqu'intéressante qu'elle puisse être; elle exigerait des détails infinis. C'est avec regret que nous les passons sous silence.

On y verrait combien le pays chartrain, villes, bourgs et tous ceux environnans furent tour-à-tour victimes de la fureur des guerriers de ces temps désastreux. On y lirait avec intérêt les noms des preux chevaliers qui se dévouèrent pour le salut de leur patrie. Ils quittaient tout, femmes, enfans, châteaux, domaines, afin de combattre l'ennemi qui dévastait leurs contrées. L'histoire a conservé leurs noms et les a transmis à la postérité, couverts d'une gloire qui se réfléchit encore sur quelques membres restans de ces généreux guerriers. Les histoires du pays chartrain, celles des villes et des contrées voisines ont inscrit ces noms glorieux dans les mémoires qui nous sont restés, et plusieurs de leurs descendans y retrouvent encore les véritables titres de leur antique illustration.

L'année 1417 fut encore aussi funeste à la France que les années précédentes l'avaient été. En ce temps-là les Anglais descendirent en France ; tout le royaume était extrêmement divisé et partagé ; Chartres, Gallardon, Etampes, Dourdan, Auneau et quelques autres places se rendirent au duc de Bourgogne. Elles en reçurent de mauvais traitemens. Chartres s'expérimenta en Jacqueville, qui y fut mis gouverneur comme étant du parti du duc de Bourgogne. Il en chassa les officiers du roi, imposa plusieurs habitans sous prétexte qu'ils étaient Armagnacs, afin d'avoir sujet de piller leurs maisons, de les mettre à mort comme traîtres, ou de les bannir de la ville. La reine qui avait été reléguée à Tours, parce qu'elle était soupçonnée de s'entendre avec le duc de Bourgogne, envoya secrètement prier le duc de venir la trouver. Il se rendit auprès d'elle, et dès son arrivée elle lui fit livrer la ville, et après s'en être assuré, ils vinrent ensemble à Chartres, où ils arrivèrent le 9 novembre 1417.

Pendant que la reine fut à Chartres, Hector de Saveuse, gentilhomme Picard, s'étant pris de bec avec le *gouverneur Jacqueville*, l'arrêta comme il revenait de l'évêché, où la reine était logée ; et comme c'était dans l'église, il l'en tira dehors, où étant, il lui donna plusieurs coups d'épée, dont il mourut trois jours après ; punition qu'il méritait bien pour avoir tant tourmenté les bourgeois et les ecclésiastiques. Le duc fit semblant de se ressentir de ce meurtre, mais il l'oublia bientôt, ayant reçu le sieur de Saveuse à son service.

XIV.

Comment la ville de Chartres fut recouvrée sur les Anglais et les Bourguignons.

(1427, 1432.)

L'an 1427, le duc de Bethfort, qui se disait régent en France pour l'Anglais, poursuivait vigoureusement le roi Charles VII et ses armées.

En passant par le Perche, il alla loger dans l'abbaye de Thiron, et à son départ il y fit mettre le
feu, laquelle fut entièrement dévorée par les
flammes.

Pendant les années 1429, 1430 et 1431,
Jeanne d'Arc, connue sous le nom de la Pucelle
d'Orléans, parut en France, et fut, disent les
historiens, comme envoyée de Dieu pour délivrer le royaume de la domination anglaise, et le
conserver à son légitime roi Charles VII.

Les progrès de cette héroïne furent si grands
et si rapides, qu'elle déconcerta les Anglais et
ruina tous leurs desseins, de telle sorte que
toutes les villes qu'ils occupaient pensèrent si-
multanément à s'affranchir de leur domination.
Celle de Chartres ne fut pas des dernières : elle
avait été pendant près de seize ans entre les mains
de Jean et de Philippe, ducs de Bourgogne, et
en celles des Anglais.

Les habitans ne pouvaient plus supporter le
joug impérieux que ces usurpateurs leur impo-
saient.

Toutes les villes de France étaient réduites à
la même extrémité; elles n'avaient pas d'autre
ressource que de se soustraire à leur oppression,
afin de recouvrer leur liberté et se remettre sous
le gouvernement français.

Plusieurs des habitans de Chartres étaient dé-
voués à leur souverain légitime et avaient eu l'art
de dissimuler la fidélité qu'ils lui avaient con-

servée. Ils formèrent le projet de lui livrer la ville.

De ce nombre étaient *Renaud*, chanoine et grand-archidiacre; *Champrond*, chanoine; *Jean Sarrazin*, jacobin; *Jean le Sueur*, et *Guillemin Bouffineau*, dit le *Petit Guillemin*, tous deux marchands.

Ces deux derniers prouvèrent leur dévouement en dirigeant l'exécution du projet, qui leur réussit complettement, parce qu'ils l'avaient concerté avec les gens du roi, ce qui leur en facilitait l'exécution, et que l'intérêt de leur commerce animait encore leur intelligence.

L'entreprise était difficile à exécuter, parce que Jean de Fetigny, Bourguignon d'origine, alors évêque de Chartres, et Laubespine, bailli de la ville, tous deux créatures du duc de Bourgogne, avaient attiré à leur parti le plus grand nombre des habitans, s'étaient rendus les maîtres de la ville, et *tenaient en bride* tous ceux qui leur étaient suspects.

Malgré tous les obstacles qu'ils pouvaient rencontrer, ces deux marchands imaginèrent de demander au roi un passeport pour trafiquer dans les villes de son obéissance. Ils l'obtinrent par le moyen d'un parent qu'ils avaient à la suite du duc de la Trémouille.

En reconnaissance de ce qu'ils s'engageaient à opérer la réduction de la ville, sa majesté leur promit, s'ils réussissaient, de leur donner les

6 *

quatre charges les plus considérables à leur choix.

Le maréchal de *Boucicaut*, et *Gaucourt*, gouverneur d'Orléans, convinrent avec *le Sueur* et *Bouffineau*, d'un jour auquel ils amèneraient des marchandises dans Chartres et se rendraient du matin à l'ouverture de la porte St-Michel, par laquelle ils avaient coutume d'entrer dans la ville. Or ce jour fut le 20 avril 1432.

Alors existait dans le couvent des Jacobins de Chartres, un religieux de cet ordre, nommé JACQUES SARRAZIN, docteur en théologie et fameux prédicateur, fort zélé pour le parti français, lequel avait de grandes intelligences tant parmi les bourgeois que parmi les seigneurs, et autres dans la campagne. Ce religieux s'étant assuré de quelques partisans, trouva encore l'occasion de gouverner GUILLEMIN et LE SUEUR, et les disposa à employer tous moyens de chasser les Anglais de la ville de Chartres. Ce projet, disons mieux, ce complot fut conduit avec tant d'adresse et si secrètement, qu'en moins de rien il se trouva quatre mille combattans sur pied, sans qu'on sût leur dessein. Le bâtard d'*Orléans*, le sire de *Gaucourt, La Hire*, messire *Blanchet d'Etouteville*, seigneur de Villebon, messire *Florent d'Illiers*, seigneur dudit lieu, tous chevaliers; *Girard de Felins* ou *Felines*, et autres nobles du pays s'y joignirent, lesquels, au jour fixé, s'embuchèrent assez près de la ville, et en firent avancer 40 ou 50 d'entre eux, comme si c'eût été pour escorter lesdits le Sueur et Bouffineau qui conduisaient des charrettes, les unes de vin et d'autres de vivres, entre lesquelles il y en avait qui étaient chargées d'aloses. Il se trouvait parmi les charretiers des soldats couverts de houpelandes par dessus leur harnais. Comme ils s'approchèrent de la porte St-Michel, qui est celle qui ouvre du côté de Blois, le Sueur et le Petit Guillemin s'avancèrent pour faciliter leur entrée dans la ville. Les portiers les ayant reconnus leur ouvrirent les portes ; et tandis qu'ils s'amusaient à leur demander des nouvelles des lieux d'où ils venaient et à regarder les aloses qu'ils leur donnaient, les soldats déguisés en charretiers survinrent, lesquels voyant leur coup à faire, tuèrent une partie de ceux qui étaient pour la garde de la porte, de laquelle s'étant emparés, ils donnèrent au son d'un cor le signal à ceux qui étaient en embuscade ; les plus rapprochés se rendirent aussitôt à eux. Ceux de la ville qui étaient de garde avaient beau crier *aux armes !* ils furent plutôt accablés par le reste de l'embuscade, que secourus par ceux de la ville.

Le bâtard d'Orléans et ceux de sa suite ayant gagné le dedans se mirent à pied, et armés tout à blanc, plantèrent les bannières de France aux principales avenues. Ils avaient tout loisir de le faire, parce que les bourgeois étaient alors au sermon que faisait ce matin ledit Sarrazin en l'église des Jacobins, qui est à l'autre bout de la ville. Il y en eut quelques uns qui voulurent se mettre en défense pour les repousser, et envoyèrent cependant avertir l'évêque et le gouverneur pour se défendre aussi ; mais il n'y avait plus de moyen : les Français s'étant rendus maîtres de toutes les avenues, et messire FLORENT D'ILLIERS, qui portait la bannière de France, l'ayant plantée devant la grande église, d'autres, pour amuser le peuple, couraient par les rues, criant *la paix ! la paix !* et n'entraient dans aucune maison.

Guillaume de Villeneuve, gouverneur de la ville pour les Anglais, et capitaine de la garnison anglaise, voyant que tout était perdu pour ceux de son parti, plia bagage, et avec une centaine de ses hommes et des habitans qui voulurent le suivre, il sortit par une autre porte et se sauva. On fit main basse sur ceux qui essayèrent de faire résistance, et pour les autres ils furent mis à rançon. Soixante ou 80 habitans furent tués, sans en compter 100 ou 120 à qui on fit couper la tête.

Chartres ayant été aussi heureusement recouvrée par la diligence et les soins de le Sueur et de Bouffineau, le roi voulant reconnaître le service qu'ils lui avaient rendu, et espérant qu'ils lui en rendraient encore, donna à Bouffineau l'office de contrôleur du grenier à sel de Chartres, qui était l'un des quatre offices qu'il leur avait promis, et dont était pourvu Philippe de

Champrond, lequel il en avait privé parce qu'il suivait le parti de ses ennemis.

XV.

Les Chartrains ne se contentèrent pas d'avoir secoué le joug des Bourguignons et des Anglais et d'avoir rendu leur ville au roi Charles VII ; ils voulurent effacer la honte de la rébellion de ceux d'entre eux qui s'étaient faits les partisans de la révolte. A cet effet ils présentèrent au roi leur supplique, tendante à obtenir lettres de grâce et d'abolition de la rébellion dont ils s'étaient rendus coupables en suivant le parti du roi d'Angleterre et du duc de Bourgogne.

Le roi accueillit leur demande et accorda lettres de grâce et d'abolition aux habitans et au clergé de Chartres.

Ces lettres furent données à Loches, au mois de juin 1432. Elles méritent d'être connues. Nous publions d'après un *vidimus* en parchemin qui existait dans les archives du chapitre de Chartres, scellé du sceau en cire verte de la châtellenie de Chartres, que nous conservons dans nos recueils, avec d'autant plus de soin que ce vidimus nous a été généreusement offert en original par notre savant ami M. Lej..., membre de la Société des Antiquaires de France, à qui nous aimons à en exprimer notre reconnaissance.

Vidimus des lettres de grâce et abolition accordées par le roi Charles VII aux habitans et clergé de Chartres, du crime de rébellion dont ils s'étaient rendus coupables en suivant le parti du roi d'Angleterre et du duc de Bourgogne, dans les guerres civiles, contre la fidélité qu'ils devaient à leur souverain légitime, données à Loches au mois de juin 1432.

A tous ceulx qui ces présentes lettres verront Thibault dArmignac dit de Termes escuier descuierie du roy, nostre syre bailli et capitaine de Chartres salut. Sachent tuit que Jehan Noteau clerc tabellion juré du roy nostre sire à Chartres et garde des seaulx de la chastellenie dicelui lieu auquel nous adjoustons plaine foy en cestui cas et en tous autres nous a rapporté et tesmoigné que l'an de grâce mil quatre cent trente deux, le mardi xxij jour de juillet il vit, tint et lut de mot à mot vnnes lettres du roy nostre dit sire saines et entières en scel et en escriptures seellées de son grant scel sur fiz de soye en cire vert desquelles la teneur sensuit :

Charles par la grâce de Dieu, roy de France sauoir faisons à tous présens et avenir nous avons receu humble supplication des gens d'église bourgeois et habitans de nostre ville de Chartres contenant que du commencement des divisions et guerres de nostre royaume ou vivant de feu nostre très cher seigneur et père que Dieu absoille et depuis, les dits supplians se sont subvertiz de lobeissance de feu nostre dit seigneur et père et de nous et de nostre couronne, ont adheré avecques le duc de Bourgongne derrenier trespassé et le duc de Bourgongne à présent vivant et autres leurs complices nos rebelles et desobeissans et les Angloys anciens ennemis et adversaires de nous et de nostre dit royaume et se sont tenus en leur subjection et obeissance et de leur parti et les ont favorisez, conseillez, aidé, servi secourus et confortez contre nous. Les aucuns seduits par les choses à eulx données à entendre contre nous, les autres de leur propre volente et affection et les autres par crainte et pour eschever la perdition de leurs héritages et biens et destre exppellés dejettés et privés de leurs benefices ; lieux et pays et se sont aucun desdits supplians armés ensuite et en la compagnie des dits rebelles ennemis et adversaires ont fait et porté guerre à nous nos pays subjets serviteurs et gens de nostre parti et autrement de leur puissance nous ont fait et procuré et à nosdits pays et subjets et gens de nostre dit parti de divers griefs et dommages et hostilités et à la reduction de nostre diste ville aucun diceulx supplians effraiés esmeus pour le soudain....

Craingnant la prinse et mort de leurs personnes se mistrent en resistance et deffence et en moururent aucuns en petit nombre desquelles choses et autrement en diverses manières soubs couleur et à l'occasion des distes guerres et divisions les dits supplians ont delinqué, offensé et commis plusieurs crimes envers nous et justice et nostre majesté royale dont ils se sont repentis et repentent tant que plus peuvent en nous recongnoissant leur naturel et souverain seigneur affermant qu'ils sont en vray et ferme propos et déterminés de tout à vivre et mourir irrévocablement en notre vray naturelle et loyale obéissance, laquelle ils nous doivent et sont tenus de faire comme à leur souverain et naturel seigneur et ont entention deulx tenir et maintenir en leur loyaulté et icelle fermement garder envers nous nos successeurs et la couronne de France à toujours mais nous remerciant si très humblement que plus peuvent des grans grace et miséricorde par nous et nos gens chiefs et cappitaines chevaliers escuiers et autres à eulx faictes à l'entrée et reduction de nostre ditte ville en laquelle a esté gardée limmunité et franchise de l'église et évité toute violation des femmes et aussi effusion de sang tant ainsi que bonnement se est peu faire, nous requerans lesdits gens d'eglise, bourgeois et habitans et supplians en toute humilité que il nous plaise leur octroyer faire et donner grâce pardon et abolition générale de toutes offenses desobeissences venues de leurs faultes et mesaventures quelconques que ils ont commis et peu commettre tant en commun que en particulier et subversion et de désobeissance guerre divisions hostilité resistance.

.... Confort et autres choses dessus dittes et les restituer à leurs honneurs prerogatives franchises auctorités libertés bénéfice dignités seigneuries héritages possessions choses et biens quelconques et que se pour leurs grandes offenses nestoient de tels grâce néanmoins en pitié et en faveur de la ditte église de Chartres, laquelle est la plus ancienne église de nostre royaume fondée par prophetie en honneur de la glorieuse Vierge Marie par avant l'incarnation de Nostre Seigneur Jesus Christ et en laquelle icelle glorieuse Vierge fu aourée en son vivant, il nous plaise leur octroyer faire et impartir les dittes grace pardon et abolition générale et les recueillir et recevoir en nostre bonne grace. Pour ce est il que ces choses considerées et que plusieurs de nos vassaulx et subjets mesmement des dites gens d'église bourgeois et habitans par la seduction de nos dits rebelles adversaires et ennemis et de ceulx de leur parti et autrement mal advertis et conseillez, Aussi pour crainte de la perdition de leur corps et biens expulsion et privation de leurs bénéfices lieux et pays ont esté soubs umbre des dittes divisions plus subvertis et distraits de nos ditte obeissance que de propre vouloir et affection voulant iceulx recueillir et recevoir en nostre bonne grâce retraire et réunir à nous et à nostre bonne obeissance et en suivant les bons loables faits conditions et coutume de nos progeniteurs préférer à toutes choses miséricorde aians pitié et compassion deulx regardans leur grant repentance et confession de leurs faultes aussi pour honneur et reverence de Dieu Nostre Sauveur et de Nostre Dame la glorieuse Vierge Marie sa mère Nous aux dittes gens d'eglise bourgeois et habitans en général et en particulier de nostre certaine science grace especial plaine puissance et auctorité royal avons quitte pardonne et aboly quittons pardonnons et abolissons à chascun d'eulx toutes les dittes offenses desobeissances crimes délis et mallefices faultes mesprentures quelconques que ils ont fait et commis tant en commun que en particulier et en quoy l'en pourroit dun eulx ou aucun deulx avoir offense ou delinque envers nous et justice, nostre majeste et couronne aux causes dessus dittes ou a l'occasion et en déppendances d'icelles tant en matiere de guerre que autrement en quelque maniere que ce soit. Toutes lesquelles choses nous avons adnullées et abolyes adnullons et abolissons par ces présentes lettres et voulons que les dittes gens d'église bourgeois et habitans et chascun deulx jouissent ce nonobstant les honneurs privileges, franchises libertés et prérogatives dout par avant ces choses avoient accoutumé joir, et aussi de leurs biens heritages possessions meubles et immeubles estant en nature de chose non obstant quelxconques dons que en avons fais et les explois qui s'en sont ensuis, lesquelx nous annullons

et mettons au néant par ces dittes présentes et quant aux gens
d'église au regard des bénéfices nous pour certaines causes qui u
ce nous ont meu et meuvent voulons et ottroyons de superhabon-
dant grace que maistres Regnault de Paris archediacre, Etienne
Huvette souschantre, Jehan Portier, Prevost Danvers, Jehan
Quatregrains, Gregoire Lettre, Pierre Brisart, Pierre Lefevre,
chanoines et prebendes entieres et Mathery Gaugnin chanoine
en portion de prébende de la dite église de Chartres lesquels sont
demoures et résident en nostre obéissance en nostre ditte ville
soient et demeurent et seront et demoureront en leurs dits bénéfices et en la possession et saisine d'iceulx, et que en joissent et
joiront plainement et paisiblement en prenant lettres de nous
sur ce sans ce que le droit regale les dons et collations que avons
fait desdits benefices à titre de régale à quelxconques personnes
depuis le trespassement de feu maistre Philippe de Boisgilout
jadis évesque de ceste église de Chartres que iceulx bénéfices
ont vacqué leur puisse préjudicier en aucune manière lesquels
dons et collations ci-dessus nous adnullons et ne voulons avoir
ou sortir aucun effect et surtout imposons silence perpetuel à nos
procureurs et à tous nos autres officiers de justice et ne voulons
que pour cause ou occasion des choses devant dittes aucune chose
soit ausdittes gens d'église bourgeois et habitans ou leurs successeurs ou temps avenir reprouchée ou imputée contre leur honneur pourveu toutes vois qu'ils feront serment notablement en la
main de nostre bailli du dit lieu de Chartres d'estre doresnavant
bons et loyaulx envers nous nostre seigneurie et couronne se fait
n'estoit si donnons en mandement à nos amés et feaulx les gens
de nostre parlement et de nos comptes, au bailli de Chartres et
à tous nos autres justiciers et officiers ou à leur lieutenans présens
et avenir et à chacun d'eulx si comme a lui appartiendra que de
nos presentes grace quittance pardon et abolition facent seuffrent
et laissent les dittes gens d'église bourgeois et habitans de nostre
ditte ville de Chartres et du plat pays d'environ qui demourront
en et soubs nostre ditte obeissance et chascun d'eulx joir et user
plainement et paisiblement sous les travailler ou empescher ne
ne souffrir estre travaillez ou empeschez ores ne pour le temps
avenir en aucune manière ou contraire et afin que ce soit chose
ferme et estable à toujours, Nous avons fait mettre notre scel à
ces présentes. Au vidimus desquelles fait soubs scel royal ou autre

autentique Nous voulous plaine foy estre ajoustée comme à l'original et que d'icelui vidimus un chascun a qui ce pourra touscher se puisse aider comme dudit original.

Donné à Loches ou mois de juing l'an mil quatre cent trente deux et de notre regne le dixiesme ainsi signées par le roy en son conseil ou quel vous les évesques de Sées et de Beauvais les sieurs Delebret et de la Tremoille, Christofle de Harcourt les sieurs de Tremes et de Mortemar, maistre Jehan Rabateau et autres plusieurs estiez mailliers. Et tout ce que le dit tabellion juré nous a rapporté et temoigne avons veu et leu de mot à mot nous certifions a tous estre vray par la teneur de ces présentes lettres lesquelles en tesmoing de ce nous avons fait sceller des sceaulx de la ditte chastellenie de Chartres et ce fut fait et donné l'an et jour dessus premiers dits.

Collation faite. Noteau.

XVI.

Charles IX.

Nous avons vu les Anglais chassés de la ville de Chartres le 24 avril 1432. Ce haut fait d'armes est une des illustrations des habitans de cette cité; cependant il ne ramena pas encore la tranquillité dans le pays chartrain et dans la France. Aux troubles qui avaient agité le royaume, il en succéda de non moins dangereux.

Les protestans, connus sous les noms de *calvinistes*, de *huguenots*, etc., voulurent légitimer leurs erreurs et se faire une religion nouvelle. Delà des troubles considérables qui se répandirent en France avec une effrayante rapidité. Le système des protestans s'était fortifié sous le règne de François II, mort à Orléans le

5 décembre 1560; il se propagea avec une violence extrême sous Charles IX.

Né à St-Germain-en-Laye le 27 juin 1550, ce roi fut sacré à Reims le 15 mai 1561.

Le fameux colloque de Poissy eut lieu en 1562.

Le 19 décembre de la même année fut signalé par la bataille de Dreux, où les calvinistes furent vaincus par le duc de Guise. Le prince de Condé et le duc de Guise couchèrent dans le même lit le soir de la bataille, et le lendemain matin le prince de Condé raconta qu'il n'avait pu fermer l'œil, et que le duc de Guise avait dormi à côté de lui aussi profondément que s'ils avaient été les meilleurs amis du monde.

Ils furent encore défaits à celle de St-Denis, le 10 novembre 1567, par le connétable.

Le duc d'Anjou, frère du roi, gagna contr'eux la bataille de Jarnac le 13 mars 1569, et de plus celle de Moncontour, le 3 octobre de la même année. Enfin la paix se fit avec les calvinistes à St-Germain, en 1570. Il mourut le 30 mai 1574, au château de Vincennes, âgé de 24 ans.

C'est sous le règne de Charles IX que fut rendu la célèbre ordonnance au sujet des matières ecclésiastiques et sur le fait de la justice. Par l'article 84, il fut ordonné que les minutes des actes et contrats seraient signées des parties. Charles IX vint à Chartres en 1562, et par une déclaration donnée en cette ville, il révoque l'article 1er de l'ordonnance d'Orléans, et rétablit le concordat. Ce qui fut confirmé depuis par Henri III, art. 1er de l'ordonnance de Blois.

Au mois de janvier 1562, on vit paraître un édit qui accordait aux huguenots l'exercice public de leur religion. C'est le premier qui fut rendu sur cet objet. C'est aussi sous le règne de Charles IX que fut publiée la fameuse ordonnance de Roussillon, qui porte que l'année commencera dans la suite au 1er janvier, au lieu qu'auparavant elle ne commençait que le samedi saint, après vêpres : le parlement ne consentit à ce changement que vers l'an 1567. Il faut remarquer à ce sujet, que les Romains commençaient l'année au 1er janvier, et qu'ils donnaient les étrennes ce jour-là ; et M. Ducange observe qu'en France, dans le temps même où l'année commençait à Pâques, on ne laissait pas que de donner les étrennes le 1er janvier, qu'on regardait comme le premier jour de l'an, sans doute parce qu'alors le soleil remonte.

XVII.

Henri III.

Henri III, né à Fontainebleau le 19 septembre 1551, succéda sur le trône de France à son frère, Charles IX, le 30 mai 1574.

Dans sa jeunesse il porta le nom de duc d'Anjou. Agé de 18 ans il signala son courage en

1569, aux batailles de Jarnac et de Moncontour, dans lesquelles il remporta la victoire.

Il avait été élu roi de Pologne en 1573, et couronné à Cracovie le 15 février 1574. Trois mois après, il apprit la mort de Charles IX. Il quitta secrètement la Pologne et s'empressa de revenir en France, où il se fit sacrer et couronner à Reims le 15 février 1575, par le cardinal Louis de Guise.

Pendant son règne, la France fut presque toujours agitée par des factions en tout genre, et par des guerres qui se renouvelaient sans cesse.

En 1588, les Allemands et les Suisses sont battus complètement à Vimori en Gâtinais.

Dans la même année le même duc de Guise surprend dans Auneau, à 4 lieues de Chartres, les Allemands et les reîtres qui infestaient le pays chartrain. L'action fut des plus sanglantes. Il les combattit et les poursuivit jusqu'à Dourdan, Etampes et autres pays voisins, avec une telle ardeur et un tel courage, qu'il en resta plus de deux mille sur la place. On fit quatre à cinq cents prisonniers. On prit deux mille chevaux, huit cents chariots, l'argent et les bagages (a).

(a) Cette guerre des huguenots et la défaite des reîtres ont été le sujet d'un charmant poème latin, en vers macaroniques, qui fut composé alors par *Remi Belleau*, célèbre poète français, natif de Nogent-le-Rotrou, mort à Paris en 1577. Ce poème se trouve dans ses œuvres in-8°; Paris, Mamert Patisson, 1598, t. 2, folio 61-64.

Le roi et la reine vinrent souvent à Chartres
pendant ces années de troubles; ils y firent plus
de dix voyages. Ils s'y rendirent après la journée
des Barricades, du 12 mai 1588. Les Etats furent
convoqués à Blois en la même année 1588. Pendant leur tenue, le duc de Guise fut assassiné
le 23 décembre, et son frère, le cardinal de Guise, éprouva le même sort le lendemain.

Le pays chartrain semblait être le refuge des
divers partis qui bouleversaient la France; il
serait difficile de dire quel était alors celui qui
dominait. Le roi, les Guises, le duc de Mayenne, l'Edit d'union, la Ligue, les Seize... tout
était dans la plus grande agitation. Il semblait
que le royaume de France était privé de toute
autorité, tant les divers partis qui se combat-
taient mutuellement pour s'emparer du pouvoir
souverain, étaient divisés entre eux.

Je devrais parler de ce qui s'est passé sous les
règnes de Charles IX et de Henri III, mais ce qui
est relatif à ces deux règnes se lit dans Souchet,
avec les détails les plus étendus, et dans Doyen,
(tome 2), avec beaucoup plus de soin que dans
les autres parties de son histoire. Ces deux historiens méritent d'être consultés.

Le règne de Henri III se termina par un crime atroce. Il fut assassiné à Saint-Cloud le 1er

— Il se trouve aussi imprimé avec l'*Eschole de Salerne*, en vers
burlesques; Paris, J. Henault, 1649, p. 53, in-4.

août 1589, à 8 heures du matin, par Jacques Clément, dominicain, dans le temps qu'il lisait des lettres que ce religieux venait de lui remettre pour le distraire. Il mourut le lendemain à 2 heures après minuit, âgé de 39 ans, après en avoir régné 15, et ne laissa point de postérité. En mourant il déclara Henri, roi de Navarre, son successeur.

XVIII.

Henri IV.

L'assassinat de Henri III avait laissé vacant le trône de France. Quel devait être son successeur? Ce roi était mort sans laisser aucun héritier en ligne directe.

Deux prétendans pouvaient être appelés à la possession du royaume.

Le premier était Charles de Bourbon, duc de Vendôme, cardinal, archevêque de Rouen, légat d'Avignon, nommé par les historiens le *vieux cardinal de Bourbon,* que le duc de Mayenne, chef de la ligue, fit proclamer roi de France sous le nom de Charles X, le 7 août 1589. Alors il était prisonnier entre les mains de Henri IV, son neveu.

Le second était Henri IV. Déjà dès le 2 août au matin, aussitôt que Henri III eut rendu le dernier soupir, toute l'armée prêta serment de fidélité au roi de Navarre, proclamé roi de

7

France sous le nom de Henri IV. Il fut également reconnu roi par la plus grande partie des
seigneurs, soit catholiques, soit protestans qui
se trouvèrent à la cour.

Le 21 novembre, le parlement séant à Paris,
présidé par Brisson, rendit un arrêt par lequel
il ordonnait de reconnaître pour roi Charles X,
et le duc de Mayenne pour son lieutenant.

Cet arrêt fut cassé et annulé par un arrêt du
parlement séant à Tours, sous l'autorité du roi,
composé des conseillers échappés de Paris, et
présidé par Achille de Harlay.

D'autres parlemens donnèrent aussi des arrêts
plus ou moins semblables à celui de Paris, et
qui furent également cassés et anulés, ainsi qu'il
avait été fait à Tours.

En 1589, la Sorbonne rend un décret par
lequel elle délie les sujets du serment de fidélité
qu'ils doivent au roi. Alors aussi le parlement de
Toulouse rend un arrêt contre le roi.

En 1590, le 9 mai, le vieux cardinal de Bourbon meurt de la gravelle, dans sa prison, à
Fontenai en Poitou.

Un écrivain contemporain a remarqué que
vers le temps où ce cardinal fut déclaré roi, il
envoya de sa prison son chambellan à Henri IV,
avec une lettre pour lui dire qu'il le reconnaissait pour son roi légitime (Journal de Henri
IV, tome IV, p. 310). En effet, on rapporte
qu'il disait à un de ses confidens : « Ne crois pas

» que je me sois accommodé sans raison avec ces
» gens-ci (les seigneurs)... Tandis que je suis
» avec eux, c'est toujours un Bourbon qu'ils
» reconnaissent.... Le roi de Navarre mon neveu,
» cependant, fera sa fortune; ce que je fais n'est
» que pour la conservation du droit de mes ne-
» veux. Le roi et la reine-mère savent bien mon
» intention. » (Chron. noven.)

En 1591, le pape Grégoire XIV eut l'audace
de lancer une excommunication contre Henri
IV. De plus, il fit publier aussi en France, contre le roi, des lettres monitoriales qui furent
condamnées au feu par les parlemens séant à
Tours et à Châlons.

Les deux foyers de la Ligue étaient Tours et
Chartres.

Henri, chassé de sa capitale, s'était réfugié à
Tours. Le parlement de Paris y fut transféré.

Le 12 Avril 1591 le roi prend Chartres.

En 1594, les quatre facultés assemblées par
le recteur, Jacques d'Amboise, se soumettent
au roi.

Dans la même année, Pierre Pithou et Antoine
Loisel furent chargés de déchirer des registres
du parlement tout ce qui y avait été inscrit d'in-
jurieux tant contre la mémoire du feu roi, que
contre Henri IV. Jean Seguier, lieutenant civil,
avait déjà prévenu l'ordre du roi, en supprimant
tous les libelles du temps, et défendant à tous
libraires, sous peine de vie, d'en imprimer ou

7 *

publier aucun. Le parlement de Tours, ayant à sa tête Achille de Harlay, revient à Paris.

Les factieux alors étaient soutenus par le pape Sixte V, lequel, non content d'avoir applaudi au crime de Jacques Clément, avait excommunié Henri III et le roi de Navarre. Grégoire XIV en avait fait autant par sa bulle monitoriale donnée à Rome le 1ᵉʳ mars 1591, et apportée en France par le nonce Marsilio Landriano. Cette bulle portait que Henri de Bourbon, jadis roi de Navarre, avait été déclaré hérétique, relaps, impénitent, par sentence du pape Sixte V, donnée à Rome le.... C'est pourquoi sa Sainteté enjoignait à tous archevêques, évêques, prélats, etc., de le quitter et abandonner 15 jours après que sa bulle aurait été publiée dans les églises de.....

Lorsque Jacques de Thou présenta au parlement les bulles monitoriales du pape, l'indignation fut à son comble. Sur le réquisitoire du procureur général Antoine Séguier, avocat général, portant la parole, la cour rendit un arrêt qui déclara les bulles du 15 mars 1591, nulles, abusives, séditieuses, condamnables, et ordonnait qu'elles seraient lacérées et brûlées par la main de l'exécuteur; que Landriano, soi-disant nonce du pape, serait appréhendé au corps et amené dans les prisons de Tours; en outre déclarait Grégoire, soi-disant pape, comme fauteur de rebelles, complice des desseins ambitieux de l'Espagne, et du détestable parricide commis par trahison sur la personne de Henri III; ordonnant encore que cet arrêt serait affiché à la porte des églises.

Le parlement que les factieux avaient créé à Paris se hâta d'user de représailles, et, par son arrêt du 25 août, déclara celui de Tours nul, exécrable...

Dans le même temps, une assemblée de prélats, qui se tenait à Mantes, fut transférée à Chartres le 21 septembre 1591. On y condamna la bulle de Grégoire XIV, contre le roi Henri IV.

Le présidial de Chartres, après avoir eu communication de l'arrêt rendu par le parlement séant à Tours, contre cette bulle, la condamna aussi et fit défenses de la publier.

Ces nobles sentimens, exprimés dans des actes publics par des autorités qui surent alors se respecter et braver les poignards des factieux, méritent d'être rappelés au souvenir de leurs descendans.

L'année 1593 fut signalée par un événement mémorable qui fut le présage des succès qui devaient accélérer le moment où Henri IV recevrait sur son trône les hommages que la France pacifiée s'empresserait de lui rendre.

Malgré la résistance de Rome, malgré l'excommunication lancée par le pape Grégoire XIV, et ses lettres non moins fulminantes, Henri IV se résolut d'abjurer le protestantisme, et par ce moyen il porta le dernier coup à la Ligue. Les

villes s'empressèrent de se soumettre à leur souverain légitime. Paris lui ouvrit ses portes le 22 mars 1594, et Henri IV y fit son entrée publique deux jours après.

Le roi profita de ses avantages ; il se rendit de Mantes à Saint-Denis le jeudi 22 juillet 1593.

Le lendemain 23, depuis les six heures du matin jusqu'à une heure après midi, sa majesté, assistée de l'archevêque de Bourges, patriarche, primat d'Aquitaine et grand aumônier de France, fut instruite à la religion catholique, apostolique et romaine.

Le dimanche suivant, 25, sur les 8 à 9 heures du matin, le roi, vêtu de blanc, manteau et chapeau noir, assisté de plusieurs princes et seigneurs, officiers de la couronne et autres gentilshommes en grand nombre par lui convoqués, et de tout le cortège royal qui devait l'accompagner, fut conduit depuis son logis jusqu'à la grande église de St-Denis richement préparée... «Sa majesté, arrivée au grand portail de ladite église, où mondit seigneur de Bourges l'attendait assis en une chaize couverte de damas blanc... aussi mgr. le cardinal de Bourbon, accompagné de plusieurs évêques... ledit seigneur de Bourges qui faisoit l'office lui demanda qui il étoit ; sa majesté lui respondit : « Je suis le roy » ; ledit sieur de Bourges replique : « Que demandez-vous ? » « Je demande, dist sa majesté, d'estre reçu au giron de l'église catholique,

apostolique et romaine ». « Le voulez-vous? »
dist mgr. de Bourges. A quoi sa majesté feist res-
ponse : « *Oui, je le veux et le désire.* » Et à l'instant à genoux sadite majesté feist sa profession
de foy disant :

« Je proteste et jure deuant la face de Dieu
tout puissant de viure et mourir en la religion
catholique, apostolique et romaine... » *Et à
l'heure bailla à mondit sieur de Bourges un pa-
pier dedans lequel estoit la forme de sadite profession signée de sa main.*

» Cela fait sadite majesté encores à genoux à
l'entrée de ladite église baisa l'anneau sacré de
mondit seigneur de Bourges, et ayant receu de
luy l'absolution et benediction, fut relevée non
sans grand peine pour la grand multitude et
presse du peuple epars en icelle... et conduite
au cœur de ladite église par MM. les reverends
euesques de Nantes, de Seez, de Digne, Mal-
lezez, Chartres, etc. etc. etc. Presens lesquelz
sadite majesté à genoux deuant le grand autel,
reitera sur les saincts Euangiles son serment et
protestation cy dessus, le peuple criant *Viue le
roy*, *Viue le roy.*

» Et à l'instant sa majesté fut releuée derechef
par mondit seigr. le cardinal et mgr. de Bourges,
et conduite audit autel, où ayant faict le signe
de la croix, baisé ledit autel, et derriere icelui
fut oy en confesssion par ledit sieur de Bourges.
Ou cependant fut chanté en musique ce beau et

très excellent cantique *Te Deum laudamus.*

» Confessée que fut sadite majesté mondit sieur de Bourges la ramena s'agenouiller sur l'oratoire couvert de velours cramoisy... et là... ou estoient tous lesdits seigrs. euesques et autres ci dessus nommez et tous les princes, mgr. le chancelier et officiers de la couronne, MM. des cours de parlements, du grand conseil, chambre des comptes présens, ouyt en très grande déuotion la grand messe qui fut celebrée par mgr. l'euesque de Nantes...

» Après le disner sa majesté assista... à la prédication qui fut faite par mondit seigr. de Bourges en ladite église de S. Denis, et icelle finie ouit vespres aussi deuotieusement ».

Ces faits, cette abjuration, l'enthousiasme qui anima les habitans de la capitale, sont pour ainsi dire restés inconnus. Je les extraits du *Discours des Cérémonies observées à la conversion de Henri IV, roi de France et de Navarre, à la religion catholique...* A Chartres, chez Cl. Cottereau, imprim. ordinaire du roi, 1593, petit in-8, 13 p., réimprimé depuis dans les Mém. de la Ligue par l'abbé Goujet, in-4, 6 vol., et qui se lit au tome 5, p. 313-387.

Ils sont d'autant plus intéressans, qu'ils sont les préliminaires des cérémonies du sacre de notre bon Henri IV, dont Nic. de Thou, qui eut le bonheur et l'honneur de répandre l'onction sacrée sur sa tête royale, nous a laissé la description dans les cérémonies observées au sacre et couronnement dont il fut le ministre consécrateur, et qu'il fit imprimer en 1594, in-4, Paris, Jamet Mettayer et P. L'huillier, 63 feuillets.

Le dimanche 25 juillet 1593, Henri IV envoya au parlement, séant à Châlons, ses lettres datées de St-Denis en France, par lesquelles il lui annonçait qu'il était entré dans le sein de la religion catholique.

Le 29 du même mois, le parlement de Châlons ordonna que copie collationnée de la lettre du roi serait envoyée à tous les curés de son ressort, afin que lecture en fût par eux faite à leur prône.

L'abjuration de Henri IV, qui avait été solennisée le dimanche 25 juillet 1593, aurait dû désarmer les ligueurs et les déterminer à se ranger sous les drapeaux de ce monarque; mais l'esprit de révolte qui depuis long-temps les agitait, n'avait point encore perdu de sa désastreuse influence.

Si l'abjuration de Henri IV avait inspiré des sentimens généreux et pacifiques aux peuples qui soupiraient après une paix heureuse et durable sous ce monarque qui avait affronté tous les dangers pour conquérir l'amour de ses sujets; si ce prince avait quitté les plaines de la Touraine, où plusieurs fois il avait échappé au fer des conspirateurs et des assassins armés contre lui ; si la ville de Chartres lui avait présenté un asile dans lequel il croyait trouver le repos de ses fatigues, sous l'égide de la Vierge de Chartres ; il en fut autrement. Il voulait que sa noble tête fût ornée de la couronne royale dans le temple auguste souvent fréquenté par les rois ses prédécesseurs, qui semblaient lui avoir légué leur diadème.

Mais la Ligue existait toujours, elle semblait un feu couvert d'une cendre perfide ; toujours elle était excitée par les doctrines incendiaires de la cour de Rome ; toujours elle était alimentée par les bulles et les lettres des papes qui appelaient le peuple français à la révolte ; bulles et lettres si solennellement supprimées par plusieurs des parlemens de France, et si énergiquement flétries par eux de la réprobation qu'elles méritaient. Henri, de son côté, était soutenu par le dévouement des Français restés fidèles à la légitimité de ses droits, et qui saisissaient avec empressement toutes les occasions qui leur permettaient de les proclamer.

Henri IV avait déjà donné une preuve éclatante du désir qu'il avait d'entrer dans le sein de l'église catholique, lorsqu'il fit son abjuration ; cependant il lui manquait encore une cérémonie nécessaire pour asseoir sa couronne d'une manière irrévocable ; il lui fallait recevoir l'onction sacrée.

La ville de Reims était au pouvoir des ligueurs; le roi, maître de choisir toute autre ville
pour son sacre, désigna celle de Chartres. Nic.
de Thou reçut en cette circonstance la récom-
pense de son zèle; il eut l'honneur de sacrer
Henri IV dans son église cathédrale, le 27 février 1594. Comme il n'était pas possible de se
procurer la Sainte Ampoule de Reims, on demanda celle de l'abbaye de Marmoutiers, qui fut
apportée à Chartres par quatre religieux de ce
monastère. Les procès-verbaux qui conservent
ces faits et le cérémonial qui eut lieu alors, furent rédigés par de Bune et Sortès, notaires, et
se trouvent encore dans l'étude de Me Boy, no-
taire, leur successeur médiat.

Cette grande cérémonie excita l'indignation du
pape Sixte-Quint. Il voulut s'y opposer; mais ses
efforts furent impuissans. L'évêque de Thou
était environné de dangers de toute espèce : il
était soupçonné d'être un des plus zélés partisans
de Henri IV. Les ligueurs, habitans de la ville,
le surveillaient sous tous les rapports. Il lui fallait sauver toutes les apparences.

Le pape, dont la politique ultramontaine
n'avait d'autre objet, d'autre désir que de fomen-
ter et d'entretenir des troubles qu'il savait faire
naître à chaque instant, avait alors en France
un légat non moins astucieux, non moins intri-
gant et non moins dangereux; c'était le cardinal
Cajetan, nouvel ennemi que le pape avait lancé

contre le roi. De Thou, dont la surveillance et la prévoyance ne se laissaient point prévenir par les perfides entreprises de la cour de Rome, eut l'art de paralyser tous ses audacieux projets.

Pour y réussir d'une manière invincible, il fallait dévoiler les projets du pape. Or le seul moyen était de les publier; de Thou les rendit publics, et par ce moyen brisa toutes les armes de Sixte-Quint. De Thou s'en empara et s'empressa de les insérer dans des mandemens dont il ne se faisait l'auteur qu'afin de se conserver une autorité qui sans paraître s'élever au-dessus de celle du souverain pontife, devenait sa rivale.

Le pape, en effet, malgré sa puissance ecclésiastique, n'avait le droit ni de publier ni de faire afficher en France aucune de ses bulles. Son légat n'avait qu'une autorité impuissante. De Thou ne dit pas dans ses mandemens qu'il les publie par ordre du pape ou de son légat. C'est lui, Nic. de Thou, évêque de Chartres, qui ordonne, qui même enjoint. Pourquoi le fait-il? C'est parce qu'il ne veut pas que le pape ou son légat portent atteinte à son autorité épiscopale, et s'emparent de celle qui en France leur était supérieure. Or en divulguant aussi énergiquement les astuces de la cour de Rome, il anéantissait tous ses projets, lui enlevait nécessairement ses partisans, et rappelait les Français sous les drapeaux de Henri IV.

Jusqu'à présent on n'a point rendu publics

les actes émanés de la cour de Rome dans cette grande circonstance. Il en est à la vérité fait mention dans l'art. Nic. de Thou, faisant partie du 45ᵉ vol. de la Biographie Inst., p. 497 et suiv. Mon projet alors était de les publier, mais je les réservai pour un temps plus opportun.

Nous insèrerons ici quatre mandemens que l'évêque de Thou publia dans ces graves et importantes circonstances. Ils sont fidèlement copiés sur l'imprimé, et portent les dates des années 1589 et 1590. A la vérité ils sont antérieurs à l'abjuration et au sacre de Henri IV; mais il faut les considérer et les estimer comme les premières armes que l'évêque de Thou eut le courage d'opposer à la cour de Rome. En les publiant il dévoilait ses astuces, il s'emparait de ses armes, il paralysait ses projets. Par ce moyen il fortifiait le parti du roi et il devenait un des plus puissans soutiens de la royauté. Les événemens ont justifié sa politique et sa prévoyance.

C'est ainsi qu'il s'exprimait :

1ᵉʳ *Mandement de M. de Thou, évêque de Chartres, du 2 septembre* 1589.

De la part du reverand pere en Dieu, monsieur l'evesque de Chartres. Est enjoinct aux curez de cette ville faulxbourgs et banlieue d'exhorter leurs parœchiens a dignement communier selon leur commodité au prochain jour de la Nativité, Nostre Dame peculière patrone du pays Chartrain, afin qu'estants unis en Dieu par ceste saincte communion leurs prières soient plus facilement exaucées pour l'adresse conduite et protection des

princes et seigneurs catholiques à l'exécution de leur louable conduite pour l'extirpation des pernicieuses et pestilentes hérésies
causans la ruine de ce jadis tant florissant royaume, avec les
fauteurs et adherants à icelles : Ensemble pour la briefve délivrance des Princes et seigneurs détenuz de si longtems prisonniers à ceste occasion et le soulagement par eux procuré du peuple extrêmement opprimé de toutes parts.

Pour les animer par dons spirituels à ce que dessus le dit reverend a plain se confiant en la miséricorde de Dieu octroye en
la forme de l'Eglise quarante jours de pardon et relasche des pe-
nitences enjoinctes à ceux qui feront en ce jour leur devoir et
par amendement de vie et actes de piété chrétienne essairont
d'apaiser l'ire que Dieu a justement conçue pour les offenses d'un
chascun.

Faict à Chartres le deuxiesme jour de septembre 1589.

Psalm. 59.

In Deo faciemus virtutem : et ipse ad nihilum deducet tribu-
lentes nos.

2ᵉ *Mandement, du* 22 *octobre* 1589.

De la part du reverend evesque de Chartres est enjoinct aux
curez de son diocese d'exhorter leur parœciens à celebrer devotement la prochaine feste de Toussaincts , (jour acceptable et
de salut) pour se rendre Dieu propice et impetrer de luy, à la
multiplication des prieres de si agreables intercesseurs de pouvoir
enfin parvenir avec eux à la gloire éternelle par imitation de
leurs vertus comme ils ont ensuyvi Jesus-Christ.

Les chefs de mesnage se disposeront à dignement communier
en ce jour selon leur commodité pour mystiquement s'incorporer
en luy, et par la vertu de ce sainct sacrement s'vnir en mesme
foy, religion et espérance de salut, toutes haines deposées, ini-
mitiez dissentions et discordes (tres pernicieuses peste du chris-
tianisme).

Et comme par l'ancien establissement des royaumes bien po-
licez, voire dès la loy de nature les princes souverains ayant ensemble esté et roys et prestres pour autoriser et maintenir en entier avec le plus de majesté la religion, sans laquelle l'estat ne
peut subsister, ainsi qu'il est remarqué entre autre en la per-

sonne de Melchisedec roy de Salem : et que Dieu (en la main duquel sont tous les diademes et sceptres pour en disposer selon sa saincte volonté et inscrutables jugements) ayant permis que ceste très-noble couronne soit escheüe au très-chrestien, très-religieux, très-dévot, très-vertueux et très-débonnaire Charles de Bourbon cardinal du Sainct-Siége, premier prince du sang, et plus proche de la sacrée tyge et bénist estoc de S. Loys pour exterminer de la France l'herésie qui y confond tout ordre, anéantit la tranquilité publique et la prive de la doulce union en laquelle consiste sa supresme felicité, luy en sera rendu par un chacun à ce jour action de grâce en toute es jouissance spirituelle.

Sera aussi ce prince recogneu et à lui toute obéissance et fidélité prestée, telle qu'elle appartient au souverain légitime et naturel seigneur : conformément à l'arrest donné le 10 de ce présent mois par le Parlement de Paris (lict de la justice royale et Cour des Pairs de France) avec instantes prières à Dieu, à ce qu'il lui plaise par sa saincte grace l'assister en toutes ses actions et deportemens : afin de si bien vser de la puissance qu'il luy a donnée pour policer son royaume par équitables loix, et sainctes ordonnances, que la piété, justice, et toute droiture y soyent en vigueur, à l'exaltation de son sainct nom, conservation de ses bons sujets et exemplaire punition des mauvais : et ce, à peine d'encourir par ceulx qui y contreviendront l'indignation de Dieu aucteur stabiliteur et protecteur de la majesté royale.

Et pour animer tous fidèles par dons spirituels à faire ce que dessus, ledit reverend a plain se confiant en la miséricorde de Dieu, leur octroie en la forme de l'église quarante jours de pardon et relasche des pénitences à eux enjoinctes.

Fait à Chartres, le vingt-deuxième octobre, mil cinq cent quatre-vingts-neuf.

Proverbe 10.

Mémoria justi cum laudibus.

3e *Mandement, du 26 décembre* 1589.

De la part du reverand, évesque de Chartres sont exhortez les curez de son diocese, ensemble toutes les communautez ecclesiastiques et couyentz de faire journellement ès principales heures du service divin collectes propres pour la délivrance de notré très-chrétien roy, *Charles*, cardinal de Bourbon hors la captivité en laquelle il est de si longtemps détenu pour les causes assez notoires à un chacun, afin qu'il puisse respirer de ses ennuys et travaulx et pourvoir aussi en personne aux très-urgentes affaires de cest estat, unir ses subjets en même foy et religion que lui et ses très-nobles ancestres ont hereditairement tenu jusques à présent, et restablir doulcement son royaume en sa pristine splendeur et tranquilité.

Le pareil se fera pour les autres princes et seigneurs détenus à même occasion.

Collectes pour dire aux mêmes fins.

Ascendant ad te quæsumus, Domine, preces populi tui, et libera christianissimum regem nostrum Carolum à custodia qua destinetur, ut ecclesia tua, ejus patrocinia subnixa, in tui nominis confessione ad publicam Galliæ tranquilitatem stabili fide perseveret.

Adesto, Domine supplicationibus servorum tuorum, et presta tuæ miserationis auxilium, ut de quorum periculo metuimus de corum libertate lætamur.

Recordare domine Deus noster in ira misericordiæ tuæ, et flagella quæ pro peccatis nostris meremur, clementer averte.

Excita Domine potentiam tuam et magna nobis virtute succurre, ut per auxilium gratiæ tuæ, quod nostra peccata præpediunt indulgentia tuæ propiciationis acceleret.

Deus à quo sancta desideria, recta consilia et justa sunt opera, da servis tuis illam quam mundus dare non potest pacem, ut et corda nostra mandatis tuis dedita, et hostium sublata formidine, tempora sint tua protectione tranquilla. Per Christum, etc.

Fait à Chartres, le 16 décembre 1589.

4ᵉ Mandement, du 11 février 1590.

De la part du reverend evesque de Chartres.

Sont admonéttez les curez de son diocese dire devotement à

leur première commodité, après la reception des présentes, vne
haute messe du Sainct Esprit à l'intention du reverendissime et
illustrissime cardinal Caietan légat du sainct siège apostolique,
à ce qu'estant inspiré de la vertu d'en hault l'éxecution de sa
charge réuscisse aux fins pour lesquelles il a pleu à Notre sainct
Pere Sixte cinquiesme l'envoyer en France.

Exciteront leur paroëcians d'y assister, et de zèle ardent accompagner leurs prières s'assurants que l'vnanime oraison de
l'Eglise est de si grande efficace que quasi elle contrainct Dieu
d'octroyer en commun ce dont les particuliers pourroient estre
esconduicts et luy est cette force tant plaisante et agréable que volontiers il exaulce ceulx, qui de cœur contrit et humilié le recher-
chent quelque importune instance qu'ils luy puissent faire.

Leur feront entendre l'extrème besoing que l'on a de recourir
a son ayde et secours ès insupportables miseres et calamitez
communes, et les exciteront à se rendre propice par amendement de vie et touts exercices de piété chrétienne, voyants l'é-
minente subversion et chutte de ce jadis si beau et florissant
royaume, à laquelle le Sainct Père, comme doulx, bening, son-
gneux du salut de ses enfants et admirablement jaloux de la
tranquilité et repos public de la France, s'efforce par tous saincts
et salutaires remèdes d'obuier, tant par la mutuelle réconciliation des princes, que réünion du peuple en même foy et vraye
religion catholique, tandant les bras par son illustrissime legat
pour doulcement embrasser ceux qui ci-devant se sont misérable-
ment distraicts de l'amiable sein de l'église.

Remonstreront aux desvoyez de ne s'endurcir par animeuse
opiniastreté ès detestables erreurs et hérésies à leur propre confusion, ains de faire leur profit de la plus que paternelle doul-
ceur du Sainct Père, sans perdre l'occasion qui se présente de
retourner sagement au troupeau des fidèles, afin que la chres-
tienté sesiouysse de voir la France se remettre en sa naturelle
disposition et vigueur et relever de sa longue maladie l'ayant
extrêmement atténuée : pour en rendre les louanges à Dieu, avec
actions de graces à sa sainteté.

Le pareil se fera ès monasteres, convents et autres lieux de
dévotion : à ce que chacun employe ses vœuz, prières et moyens
de mesme desir et accort à la commune conservation de sa
doulce patrie en vnité de foy et religion catholique.

8

Collecte pour dire à lad. messe.

Adsit quæsumus Domine famulo tuo virtus spiritus sancti : et ut susceptum munus ad tui nominis laudem piè exequatur, perpetuum ei rorem tuæ benedictionis infunde. Per Dominum, etc.

Secrete.

Suscipe Domine fidelium preces cum oblatione hujus hostiæ, vt ad optatum finem, gressus et actus famuli tui dirigantur, et quibus tanti gaudii causam præstitisti perpetuum lætitiæ fructum concede per Dominum.

Post Communion.

Vivificet nos quæsumus Domine hujus participatio sancta mysterii, et præsta famulo tuo auxilium gratiæ tuæ, vt in exequendis ad mandatis, voluntate tibi et actione placeat. Per Dominum.

Ad Thessal. I.

Dignetur vocatione sua Deus, vt fidei opus in virtute impleat.

Faict à Chartres, le vnzième iour de febvrier 1590.

———

Il est essentiel de rappeler ici que le 14 décembre 1592, le roi fut obligé de se rendre à Chartres, pour y assembler les principaux du royaume, à l'effet de s'opposer aux Etats indiqués à Paris par une bulle de Clément VIII, obtenue par les ligueurs, pour procéder à l'élection d'un nouveau roi qui pût défendre la religion catholique contre les hérétiques.

Mais le projet des ligueurs fut déjoué, et ils furent forcés de rentrer dans leur impuissance et dans leur nullité.

Néanmoins ils n'abandonnaient pas leurs perfides et désastreux projets. En effet, le roi fut encore obligé de venir à Chartres le 17 janvier

1593, et le 29 il publia une déclaration qu'il opposa au duc de Mayenne qui avait convoqué les Etats à Paris.

Après tous les troubles, les agitations, les factions et tous les genres de désordres qui avaient tourmenté la France depuis la mort de Henri III, la paix parut renaître en 1594.

Le règne de Henri IV promettait un heureux avenir; mais un crime des plus atroces, commis par un exécrable scélérat, brisa toutes les espérances du bonheur qui avait ranimé les Français depuis le sacre du bon Henri.

Le 14 mai 1610, jour déplorable à jamais, Henri IV fut tué par l'infâme Ravaillac. Il était âgé de 57 ans, après en avoir régné 21. La reine avait été sacrée et couronnée le 13; aussitôt après la mort du roi, qui arriva le 14 mai, sur les 4 heures du soir, elle se fit déclarer régente.

Le lendemain 15, on embauma le corps du feu roi dont le cœur fut donné aux jésuites pour être mis dans l'église de leur collége de La Flèche, que sa majesté avait fondé.

Le 31 mai, lundi de la Pentecôte, on reçut à Chartres le cœur du feu roi Henri IV. M. de la Frette gouverneur de Chartres, accompagné de la noblesse du pays, fut au-devant jusqu'à près de deux lieues. Le cortège arriva à Chartres par l'ancienne route qui passe par Ablis, St.-Arnoult, etc., et donne entrée par la porte Guillaume. Le clergé et MM. de ville s'avancèrent

8 *

qu'à Saint-Barthélemy ; delà le cortége s'achemina jusqu'à Beaulieu où existait le prieuré dit la Maladrerie du Grand-Beaulieu, prieuré supprimé depuis, dans lequel M. Ferdinand de Neuville, évêque de Chartres, établit le grand séminaire qui a existé jusqu'à la Révolution, époque à laquelle il fut supprimé et toutes ses propriétés vendues.

En cet endroit, le P. Ignace Armand, provincial des jésuites de la province de France, qui portait le cœur du roi, mit pied à terre avec ses religieux au nombre de 24. Le doyen de la cathédrale prit place à côté de lui, et ils arrivèrent dans l'église cathédrale où le cœur du roi fut déposé. Il était dix heures du soir.

Le lendemain le chapitre députa quatre chanoines pour aller saluer MM. de Montbazon et de la Varenne qui avaient escorté le convoi, composé d'environ 1200 hommes.

Le doyen porta le cœur jusqu'à la porte royale de l'église, où les carrosses drapés de noir l'attendaient. Le convoi repartit de Chartres avec le même cortége et les mêmes honneurs qui avaient accompagné son arrivée : il prit la route de Champrond, Nogent-le-Rotrou, et la Ferté-Bernard, et de là se rendit à la Flèche où le cœur du roi devait être déposé.

Quel fatal événement, grand Dieu ! que de réflexions il inspire ! qu'elle est grande, qu'elle est étonnante, cette Providence qui du haut du ciel frappe les monarques comme ceux qui sont leurs sujets !

Henri avait reçu les onctions sacrées et le diadême qui couronnait sa royauté, dans le temple auguste de la Vierge de Chartres. Qui aurait osé présager que son cœur si grand, si généreux, si courageux y reposerait quelques années après son triomphe, pendant quelques heures seulement, et presque aussitôt après la mort cruelle qui l'avait frappé, pour y recevoir les prières expiatoires que la religion toujours s'empresse de distribuer à ceux qu'elle a adoptés dès leur naissance.

Pour complêter autant que possible ce qui est relatif à l'entrée du cœur du roi Henri IV, nous joindrons ici la notice des cérémonies qui eurent lieu alors qu'il fut reçu par le chapitre de Chartres. Nous le présentons dans le style et l'orthographe du temps.

Mémoire de l'ordre que l'on debuoit tenir à l'entrée du cœur du roy Henry IV.

A la sortye de l'eglise on chantera le pseaulme *In exitu Israel de Egypto* auec toutes les commendaces sur le chant accoustumé le plus pausement que faire se pourra jusques au grand Beaulieu ou autre endroict ou se rendra le cœur du feu roy : et sera pryé chacun de messrs. de se tenir en son rang et pesalmodier pour éviter la confusion sans confabulations risées ou contenances indécentes.

Ledit cœur arrivé monsieur le doyen revestu d'une estole luy donnera de leau beniste et commencera le responds *qui Laza-*

rum qui sera continue en plain chant par les chantres jusques a
la fin avec son verset puys lesd. chantres chanteront le *De profundis* en faulx bourdon pendant que ledits cœur reposera à la
fin duquel ledict sr. doyen dira les collectes. ..... et *fidelium*
et portera le marglier semainier le collectaire à cet effect.

Sera prye Mr. le prieur dud. Beaulieu de faire préparer un
honneste reposoir devant la grande porte dudit prieuré.

Comme on sachemynera dudit reposoir à aller aux Capuchins
au cas que ledit cœur soit porté par un des peres jesuites ou aul-
tres, ledist sieur doyen ayant son estole marchera derriere celui
qui le portera et en chemin lon achevera commendaces et icelles
achevees on commencera les sept pseaulmes penitentiaux lesquels
finis et s'ils ne suffisent on dira les pseaulmes penitentiaux des
vespres des trepassez jusques audict lieu des Capuchins.

Estans messrs. arrivés dedans leglise desdits capuchins on commencera par monsr. le soulz chantre ou aultre chanoine pour luy
le responds *Libera me Domine* qui sera chante en musique et
les versets ordin. par *deux chanoines* mesrs. Loupeau et Mathieu revestus de chappes de soye noire nommez par le chapitre
et après cedit *Libera* sera chanté derechef le *De profundis* en
faulx bourdon puis seront dictes les mêmes collectes que dessus
par ledit doyen lors aussy revestu d'une chappe de soye noire pa-
reille aux choristes.

Au retour le clergé reviendra en la grande eglise en mesme
ordre que lon sera allé.

Semblera à propos que les chapplains portans les torches de
l'église marchassent deux à deux au milieu de messrs. a com-
mencer des les enfans de chœur jusques en hault.

Et que pour maintenir ledit ordre il fust commandé à Auger
et Aubouin sergens d'aller de coste et d'aultre ainsi qu'il en sera
besoin.

Durant vespres on sonnera la commande et seront lesdittes
vespres avancées à vn heure après-midi.

Au partir de l'eglise pour aller au devant dudit cœur sitost
que la commande aura sonné toutes les cloches de l'un et laultre
clocher sonneront jusques a l'yssue de la porte de la ville, et
lors on continuera seulement à sonner Gabriel jusques a tant que
les sonneurs appercevront le clergé estre sur le pavé du Gort
pour aller aux Capuchins et lors ils recommenceront au retour a

sonner toutes lesdites cloches jusques à ce que lon sorte de l'é-
glise desdits Capuchins que l'on continuera seulement à sonner
Anne jusques à ce que l'on soit de retour dans ladite eglise Nostre-Dame.

Seront tous les officiers de la justice de messrs. du chapitre ad-
vertiz de se trouver à ce que dessus avec tout honneur et decence.

Sera pryé monsieur le gouverneur de la part de messrs. de
faire garder la première porte des Capuchins a ce que personne
n'entre dans ledit lieu que le corps de ladite eglise Nostre-Dame
et la suytte afin que sans aulcun empêchement et avec la decence
requise on puisse chanter le service. Par mesme moyen on scaura
dudit sieur l'heure qu'il faudra partir.

Nous croyons qu'on ne lira pas sans intérêt
la lettre que la reine Anne, veuve de Louis XIII,
adressa après la mort de son époux, à M. Lescot,
évêque de Chartres, pour lui demander les
prières qu'elle et le roi désiraient en faveur du
feu roi.

Nous la joignons ici, et nous ajoutons la lettre
que M. Lescot adressa à son chapitre. Ce sont
des monumens historiques que l'histoire aime à
conserver.

*Lettre de la reine Anne d'Autriche à M. Lescot
nommé a leuesché de Chartres pour faire
prieres dans son dioceze pour le repos de l'ame
du roy Louis XIII, du 9 juin 1643.*

A Mons lEuesque de Chartres.

Mons. Leuesque de Chartres encores que je ne doute point que
vous n'ordonniez les prieres a quoy le Roy monsieur mon fils
vous exhorte de disposer tous mes sujetz dans vostre dioceze pour

le repos du feu Roy monseigneur comme il a esté fait pour les rois ses prédécesseurs, et qu'apres lui avoir tesmoigné tant de fidélité et d'affection en toutes les occasions qui sen sont pntees vous ne vous portiez et eux aussi a luy rendre encores ces preuues damour et de piete que vous deuez a sa memoire. Je ne laisse pas néantmoins d'accompagner la lettre quil vous en a escritte de celle-cy pour vous y conuier et vous dire que comme les travaux continuelz qui ont consomme sa vye pour releuer l'honneur et la gloire de Dieu en la puissance et grandeur de cet estat vous y obligent, jespere aussi par mes soings auec lassistance divine de cultiuer si bien la bonne naissance du Roy monseigneur mon fils qu'il sera aussi bien successeur de ses vertus que de sa couronne, ce sont les grâces que je vous conjure d'implorer par voz vœux et voz prieres et d'exhorter tous ceux de vostre dioceze à vostre exemple de joindre les leurs à celles que jen fais a Dieu.....

Cependant je souhaite qu'il vous ait mons. Leuesque de Chartres en sa sainte garde.

Escrit a Paris ce ıx juin 1645.

(Signature originale de la reine.)   ANNE.

DE GUENEGAUD.

Le cachet n'existe plus, il s'est détaché, mais on en voit la place très bien marquée.

L'adresse se lit ainsi :

A Mons Leuesque de Chartres.

Cette lettre est écrite sur le recto et est in-fol.

Lettre de M. Lescot à MM. les Doyen et Chap. de Chartres.

MESSIEURS

Le Roy et la Royne regente sa mere m'ayant fait l'honneur de me faire touchant les prieres qui se doiuent faire dans le dioceze de Chartres pour le repos du feu Roy comme il a esté fait

pour les roys ses prédécesseurs apres leur decez j'ai bien voulu
vous enuoier le paquet mesme que j'ai receu de la part de leurs
majestés, à fin qu'estant plus parfaittement informez de leurs
intentions, vous y puissiez satisfaire auec tout le soin et le zele
qu'on peut attendre de cette grande piété que chacun recognoit
en vous et qui peut seruir d'exemple à tout le reste de la Fance.
Aussi nay-ie point a vous exhorter là dessus; non pas mesme à
vous representer les considérations particulieres qui nous obligent à honorer sa mémoire, et à luy rendre auec affection tous
les respects et deuoirs que de bons et fideles sujets sont tenus de
rendre à vn tres-pieux, tres-juste et tres-genereux prince. Je
scay que ces belles qualitez, qui ne sont ignorees de personne,
et qui l'ont fait admirer des nations les plus esloignees et les plus
ennemyes de France vous seront à iamais en vénération : et que
comme pendant sa derniere maladie, ou plutost pendant tout le
cours de sa vie vous auez fait et très-affectionnees et très-ar-
dentes prieres à Dieu pour sa santé et prosperité, aussi les re-
doublerez-vous à présent pour le repos de son ame. C'est ce que
leurs Majestez attendent de vous et dont je les assureray, dans le
désir que j'ay de vous tesmoigner en toutes les occasions qui se
pourront présenter.

Que ie suis

Messieurs

Vostre plus humble et
très affectionne seruiteur

LESCOT nommé par le roy
a l'Evesche de Chartres.

A Paris ce 10 juin
1643.

L'adresse se lit ainsi :

Messieurs les Doyen
et Chappitre de Chartres
A Chartres.

Cachetée d'un cachet en cire noire sur lacs de
soie noire aux armes de M. Lescot.

XIX.

NOTICE DES DIVERS OUVRAGES

MANUSCRITS ET IMPRIMÉS,

RELATIFS A L'HISTOIRE DE CHARTRES, AU PAYS CHARTRAIN ET AUX VILLES ET PAYS ENVIRONNANS.

Nota. Tous les ouvrages cités dans cette notice existent dans la bibliothèque de l'auteur.

𝕳𝖎𝖘𝖙𝖔𝖎𝖗𝖊 𝕰𝖈𝖈𝖑é𝖘𝖎𝖆𝖘𝖙𝖎𝖖𝖚𝖊.

Gallia Christiana, T. VIII. Parisiis, Typog. regia, 1744. — Ecclesia Carnotensis, col. 288. — Instrumenta spectantia quæ pertinent ad ecclesiam carnotensem, col. 288-440. — Ecclesia carnotensis, pag. 1090, col. 1093. — Plan de l'évêché de Chartres (ancien). Extrait mss. in-fol.

Pouillé du diocèse de Chartres, par N. D. (Nicolas Doublet), libraire à Chartres. — Chartres, chez Nicolas Doublet, 1758, in-8°.

Pouillé du diocèse de Chartres, fait l'an de grâce 1756.

Inventaire des Reliques et de ce qui se voit de plus remarquable dans l'église de Chartres, fait en 1685. Revu et collationné par MM. Brillon, chan. et chancelier, de Persy et Le Tunais aussi chanoines, et commis à l'œuvre l'an 1756.

    Très-curieux, surtout le second mss. in-4°.

Histoire de l'Église de Chartres, par le sieur Duparc, huissier du chapitre de ladite Église. Mss.

    Dans la bibliothèque du Roi; vient de M. Lancelot. Cette histoire ne se retrouve plus; j'ai lu dans je ne me rappelle pas quel auteur, qu'elle avait été emportée à Cambrai. Bibl. de Fr., par Fontette, t. 1, n° 4967.

Parthenie, ou Hist. de l'Eglise de Chartres, par Rouillard. Paris, 1609, in-8.

Quelques auteurs ont prétendu que Rouillard s'était emparé de l'histoire de Duparc pour composer sa Parthénie : je ne me permettrais pas de décider cette question ; mais il serait possible que le bon Rouillard eût ressuscité Duparc et l'eût fait paraître sous son nom, afin de se donner les honneurs de la composition de son histoire.

Histoire de l'Église de Chartres, par Vincent Sablon. Chartres, Nicolazo, 1715, in-12.

Idem, Chartres, veuve Deshayes, 1808, in-12. — Idem, Labalte, 1855, in-18.

Né à Chartres, il voulut être poète. Il traduisit en vers français la *Jérusalem délivrée* du Tasse. Paris, 1659, in-4° et in-16. Thierry, 1671, 2 vol. avec gravures assez jolies de Sébastien Leclerc.

Description de l'intérieur de l'Église de N.-D. de Chartres, et des Cryptes, dites vulgairement *Sousterre*. L'histoire de ces cryptes n'a jamais été publiée. Mss. inédit, in-4°.

Description hist. de l'Église cathédrale de N.-D. de Chartres, nouv. édit., par A.-L.-M. Gilbert. Chartres, 1824, in-8°.

M. Gilbert en promet une nouv. édit. avec des augmentations, notamment avec une description de l'église souterraine, ouvrage inédit de M....

Le Poème des Miracles de la Vierge, par mestre Jehan le Marchant du commandement de l'Évêque de Chartres, l'an mil CCLIJ.

L'Église fust arse l'an mil et xx ouquel tens fut de novel ediffiee ladite Eglise si comme elle est a present.

Ainsi sont depuis l'arsare de ladite Eglise jusques a la translacion diceulx miracles CCXLJI ans ou environ.

In-fol. mss. inédit.

Catalogue des Reliques et Joyaux de l'Église de Chartres. Très-beau et curieux mss. d'une bonne écriture, portant le millésime de 1682, petit in-8° ou plutôt in-4° de 75 feuillets.

Relation de l'entrée des Évêques de Chartres et des cérémonies qui l'accompagnent, avec des remarques historiques, par J. D. F. (Janvier de Flainville), avocat. Chartres, Deshayes, 1780, in-8°.

Nouveau catalogue des Évêques de Chartres, rectifié sur les anciens monumens, par don Jean Liron, 1756, petit in-8° de vingt pages, mss. original de don Liron, très-précieux.

D. Fulberti, Carnotensis Episcopi opera, cum notis Devilliers. Parisiis, Th. Blazius, 1608, in-8°.

L'Esprit et les Vertus de M. de Mérinville, Évêque de Chartres. Chartres, Hamerville, 1765, in-12.

Petri Cellensis Episcopi Carnotensis. Parisiis, Billaine, 1671, in-4°.

D. Ivonis Carnotensis Episcopi opera omnia. Cum notis Jureti et Soucheti. Parisiis. Laur. Cottereau, 1647, in-fol. carta magna.

Très-bel exempl. V. sur cette édit. rarissime en gr. pap. l'art. Souchet, dans la *Biographie universelle*.

Ordre de la cérémonie de la consécration des saintes huiles et du saint chrême en l'église de Chartres, mss. portant la date de l'an 1696, in-4°, de la main de M. Étienne, chan. Il est parlé de ces cérémonies dans les voyages liturgiques de Moléon, Le Brun des Marettes. Paris, 1718, in-8°, p. 252. — Le jeudi saint six archidiacres ou prêtres célèbrent la grand' messe avec l'Évêque, consacrent les saintes huiles avec lui, et communient sous les deux espèces d'une même hostie et d'un même calice. L'Évêque est au milieu de l'autel, trois prêtres à sa droite et trois à sa gauche sur la même ligne ; ils chantent tous sept unanimement et pratiquent ensemble toutes les cérémonies de la messe. Ce grand et majestueux cérémonial a été en usage jusqu'en 1789, qu'alors l'Évêque a été réduit à ne plus célébrer la consécration des saintes huiles qu'avec deux prêtres officiant avec lui. Il n'y avait, suivant l'auteur cité, que trois cathédrales en France qui suivissent le même cérémonial.

Vues pittoresques de la Cathédrale de Chartres, et détails remarquables de ce monument, dessinés par Chapuy... avec un texte historique et descriptif par F.-T. de Jolimont. A Paris, chez Engelmann, 1828, 15 vues lithographiées, in-fol.

M. Jolimont aurait dû donner l'explication ou le genre des plans qu'il a joints à ses vues, comme aussi il aurait dû y joindre le plan des cryptes *vulgo* sousterre. Je lui avais offert la communication du plan que j'en possède avec les explications, mais il ne jugea pas à propos de l'accepter.

Description des Vitrages de l'Église cathédrale de Notre-Dame de Chartres, et explication des histoires peintes dans ces vitrages; suivies d'additions et observations par M. H.

Mss. très-précieux que je crois être de Félibien des Avaux, qui conservait les dessins des vitrages qui sont de l'an.... ainsi que le dit le savant abbé Brillon, chanoine et chancelier de l'Église de Chartres. Ces dessins sont au trait, lavés à l'encre; ils ne présentent que les cadres des dessins, et renvoient par un chiffre à chacun des dessins dont ils donnent l'explication. In-4° mss.

Description de l'aimant qui s'est formé à la pointe du clocher neuf de N.-D. de Chartres, par M. L.-L. de Vallemont, prêtre et docteur en théologie. Paris, d'Houry, 1692, in-12.

L'horloge existant à l'Église N.-D. a été raccommodée en 1804 par M. Mazure, horloger à Chartres; lorsqu'il a voulu travailler le marteau qui frappe le timbre placé dans la lunette qui est en haut du clocher, il l'a trouvé aimanté.

Essai d'explication des Portiques de l'Église de N.-D. de Chartres, par M. l'abbé Brillon, chanoine de cette Église, avec plans figurés des trois portiques de cette Église. Copie faite sur l'original, in-fol. mss.

Discours des Cérémonies observées à la conversion du très-grand, très-chrétien et très-belliqueux prince Henri quatrième, Roi de France et de Navarre, à la religion catholique, apostolique et romaine. A Chartres, chez Cl. Cottereau, imprimeur ordinaire du roi, 1595, in-8°, 13 pages.

Pièce de la plus grande rareté; elle se trouve aussi imprimée dans les *Mémoires de la Ligue*, 1758, in-4°, tom. v, pag. 585-587.

Cérémonies observées au sacre et couronnement de Henri IV, Roi de France et de Navarre, ensemble en la réception du St.-Esprit en l'Église de Chartres, ès 27 et 28e jours du mois de feurier 1595. Par M. N. de Thou, évêque de Chartres. Paris, Jamet Mettayer et P. L'Huillier, 1595, in-4°.

Monastères, Abbayes, Paroisses.

Histoire de l'Abbaye de Bonneval, ordre de St-Benoist, congrégation de St-Maur, au diocèse de Chartres. In-fol. 1 vol. contenant :

1. Breve chronicon Monasterii Bonævallis, ab anno 840 ;
2. Excerpta a Gallia Christiana Abbatiam Bonævallis spectantia ;
3. Hist. de l'Abbaye de Bonneval, par Dom. J. Elie, prieur, en 1711 ;
4. Abrégé de l'Hist. de l'Abb. de Bonneval, composé en 1715 par R. P. Dom Jean Thiroux, et Dom René Lambert.... sous-prieur.... avec des additions extraites de l'Hist. de Bonneval par M. André-Louis Beaupère, curé de St-Sauveur de la même ville, et terminée jusqu'à la suppression de cette abbaye en 1791 et 1792. — In-fol. mss. inédit.

*Etat présenté à M. Mahy, receveur général des domaines et bois de S. A. R. M*r. *le duc d'Orléans*, par les abbé et religieux de Bonneval, contenant les fiefs censives terrages et autres droits hors la ville, fauxbourgs et banlieue de Bonneval. — Mss. in-fol.

Martyrologium Conventus Carnutensis fratrum minorum...., per fratrem Stephanum Gaultier, conventus filium et quondam patrem gardianum. Parisiis apud Sebast. Martin, 1635.

Très curieux et très rare, in-4. mss. copié sur l'exempl. de la Bibl. royale, pet. in-8.

Michael Menot ob eloquentiam os aureum dictus, variis concionibus declamatis et prælo datis, templo conventus sub urbani restaurato ut supra, quarto gardianatus anno qui salutis 1518 occidit, prope altaris majo gradum situs....

Le couvent des Cordeliers existait jadis dans le grand faux-bourg des Epars de Chartres. Il fut détruit en 1568, lors du siége de Chartres par les Huguenots ; il fut ensuite transféré dans la ville et reconstruit rue St-Michel, sur un terrain qui dépendait de l'abbaye de St-Père, et dont les religieux consentirent la vente au profit des Cordeliers.

Mémoires historiques sur l'Abbaye de Coulombs, ordre de St-Benoist, et la terre de Nogent-le-Roy, par l'abbé d'Espagnac, conseiller en la grand' chambre du Parlement de Paris, et abbé de Coulombs en 1775, lors de l'exil du Parlement, pendant lequel il fut relegué en cette Abbaye.

Très rares. L'abbé d'Espagnac n'en laissa prendre que deux copies. Mss. inédit in-4.

Agematologie, c'est-à-dire, Discours de l'Assemblée du chapitre provincial de la province de France, de l'ordre des frères Prescheurs, célébré au couvent de St-Jacques à Chartres, en 1624, dressé par F. Nicolas Lefébure, docteur en théologie, et religieux du mesme couvent. A Angers, chez Antoine Hernault, 1625, petit in-8, 567 p. — Très rare et très curieux.

Prædicator Carnutensis sive institutio Conventus Carnutensis F. F. Prædicatorum auctore Nicolao Le Fevre doct. théol. et rel. conv. carn. ejusdem ordinis. Carnuti, Peigné, 1657, in-8, in-4, mss.

Ces deux vol. sont de la plus grande rareté. S'ils présentent l'hist. du couvent des frères Prêcheurs de Chartres, et de leur chapitre de l'an 1624, ils offrent aussi des renseignemens précieux pour l'hist. de Chartres. Le couvent des Jacobins jouissait de la plus haute considération. On est étonné en lisant la quantité des illustres personnages, princes, guerriers célèbres, évêques et autres en tout genre qui furent inhumés dans leur église. Le chœur était orné d'une grande quantité de tombeaux en marbre, en cuivre et en bronze; beaucoup d'autres étaient rangés dans l'église.

Nicolas Le Fevre était né à Montfort-l'Amaury, diocèse de Chartres. Il prit l'habit de S. Dominique dans le couvent de Chartres, le 19 janvier 1599. Il employa aussi ses talens à l'extirpation de l'hérésie dans La Rochelle après la réduction que Louis XIII en fit en 1628. Il parvint à rétablir l'église et la maison de son ordre dans cette ville, où elles avaient été détruites par les calvinistes. Il est mort en 1655. On a de lui un abrégé de l'Hist. Ecclésiastique jusqu'en 1646. V. l'hist. de La Rochelle, par Arcere. — Le couvent, et l'Eglise qui était un très beau monument, ont été détruits pendant la révolution.

Histoire du Monastère de Josaphat-lès-Chartres, 1668. — Liste des prieurés dépendans du monastère de Josaphat : —

Catalogue des abbés tant réguliers que commandataires de Josaphat; les évêques de Chartres enterrés à Josaphat, et quelques évêques bienfaiteurs. — Liste des cures dépendantes de Josaphat. Par le révérend père dom Fabien Battreux, nommé prieur de ce monastère par le chapitre général tenu en l'abbaye de St-Benoist de Fleury-sur-Loire, le 20 mai 1665; continué par le chapitre général tenu au même lieu le 25 juin 1666, pendant encore un autre triennat. Dans un autre chapitre général tenu au même lieu le 19 juin 1669, le ch. général l'envoya prieur au monastère de St-Germer de Fly près Beauvais, où il décéda le 22 octobre 1670. Il était de St-Riquier, évêché d'Amiens, avait fait profession en l'abbaye de Jumièges le 15 septembre 1625, âgé de 20 ans.

In-fol. mss. inédit.

Inventaire général des titres et papiers appartenant à messire J. Joseph Fogasse de la Bastie d'Entrechaux, seigr évêq. de St-Malo, en sa qualité d'Abbé commandataire de l'abb. royale de N. D. de Josaphat-lès-Chartres, conformément à la transaction passée devant Croiset et son confrère, nores au Châtelet de Paris, le 19 août 1594.... Entre Messire Joseph Desportes, abbé, et les religieux dudit Josaphat; par le rev. dom Julien Lemoine, prieur dudit Josaphat en l'année 1751. In-fol. mss.

Léproserie du Grand-Beaulieu, cartulaire noir et cartulaire rouge de la Léproserie du Grand-Beaulieu, instituée Léproserie-Mère du diocèse de Chartres, et dont les bâtimens et les biens sont devenus la propriété du grand-séminaire de Chartres, en....

Cette Léproserie avait été fondée et dotée en 1054, par Thibaut, troisième du nom, comte de Chartres.

In-fol. mss.

Petit Cartulaire de la Léproserie de Beaulieu, numéroté 4e Cartulaire, petit in-12, vélin, 1198, etc.

Factum pour les sieurs grand-vicaire général, commandeurs et chevaliers de l'ordre de N.-D. du Mont-Carmel et de Saint-Lazare de Jérusalem, demandeurs et deffendeurs; contre maître Jacques Vatel, possesseur de la Maladrerie du Grand-

Beaulieu de Chartres, deffendeurs ; et encore contre maître Ferdinand de Neuville, Évêque de Chartres, prenant le fait et cause de maître Vatel, intervenant. Paris, Sébastien Cramoisy, 1675, in-fol.

Mss. copie de l'imprimé, in-fol. *très-rare et très-curieux.*

Notice historique sur la Maladrerie et Léproserie du Grand-Beaulieu au diocèse de Chartres ; par M. Lejeune. Orléans, Danicourt-Huet, 1833, in-8°, 20 p.

Histoire de l'Abbaye de Saint-Cheron-lès-Chartres (Chanoines réguliers). In-fol. mss.

Cette histoire se continue jusqu'à l'année 1644. Ensuite on trouve le *Necrologium* de cette abbaye, depuis 1716 jusqu'en 1788.

Véritable Inventaire de l'histoire de la royale abbaye de Saint-Père en Vallée de Chartres, composée par dom Bernard Aubert, prêtre religieux de la congrégation de Saint-Maur et supérieur de l'abbaye de Saint-Père, 1672, petit in-fol. de 218 feuillets ; mss. inédit. — Copie.

Aganon Vetus. Célèbre cartulaire conservé autrefois dans l'abbaye de Saint-Père de Chartres, et à présent dans la Bibliothèque publique de cette ville. Il a pour auteur un moine de cette abbaye, nommé Paul. Il est composé de deux volumes in-4° d'une écriture du XIe siècle, et est divisé en deux livres. Le premier ayant 158 feuillets, a pour titre : *Liber Agani,* parce qu'il contient les donations faites sous l'épiscopat d'Aganon, évêque de Chartres ; il a intitulé le second, qui a 110 feuillets, *Liber Ragenfredi,* parce qu'il est composé des donations faites sous l'épiscopat de Ragenfroi, restaurateur de ce monastère. Ce cartulaire est du plus haut intérêt. On lit dans l'*Histoire littéraire de France,* par des Bénédictins, tom. VIII, p. 254-260, un excellent article sur cet auteur. — Paul était moine avant l'an 1029. On ignore l'époque de sa mort. Ce qu'il y a de certain, c'est qu'il a existé dans le XIe siècle.

Le savant M. Depping a donné sur cet Aganon un article qui se fait lire avec intérêt ; il est intitulé : « Notice sur deux » cartulaires de l'ancienne abbaye de Saint-Père à Chartres, » appartenant à la Bibliothèque du Roi. » Elle fait partie du

t. g. des Mém. de la Société des Antiquaires de France,
pag. 140-177.

*Histoire de l'Église collégiale et parochialle de Sainct-Maurice-
lés-Chartres;* selon les originaux et manuscrits, traditions
anciennes du chapitre et fabrique de la même Église; 1671,
in-4°, mss. inédit.

Auteur anonyme. Seulement on lit à la pag. 80, ligne an-
tépénultième, le nom d'un Claude Savart.

*B. Bernardini, fundatoris et 1. Abbatis SS. Trinitatis de Ti-
ronio* ord. S. Benedicti, vita auct. coætaneo Gaufrido Gresso,
opera et studio J.-B. Soucheti S. T. Doct. et Carnot. canonic
Lutetiæ Paris. J. Billaine, 1649, in-4°.

Excellente histoire du célèbre monastère de Tiron existant
autrefois dans le Perche, peu éloigné de Nogent-le-Rotrou.
Cette vie est enrichie de commentaires et de notes historiques
de notre savant Souchet, qui sont du plus haut intérêt. Ce
monastère fut fondé en 1109 : on lit avec étonnement son
accroissement, les noms des abbayes et bénéfices tant réguliers
que séculiers, prieurés, cures, etc., qui étaient dans sa dé-
pendance en France et en Angleterre surtout, où 15 abbayes
suivaient sa règle. Tiron était chef d'ordre, et avait un bré-
viaire particulier pour tout l'ordre. Imprimé à Paris, chez
Jean-Philippe, anno Dni 1506, *tertio nonas octobris*, in-8°,
litt. goth. Impensis Reverendi in *Christo Patris DD. Ludo-
vici Cravanto Dicti monasterii totiusque ordinis patris
Primarii.*

Cette vie de Bernard est la seule histoire de cette célèbre
abbaye. On y trouve beaucoup de détails et de faits intéressans sur Tiron et ses environs, canton qui faisait partie du
grand Perche. Il y avait autrefois un très-beau collége très-re-
nommé, dans lequel se trouvait une belle et précieuse bibliothèque qui a été incendiée avec la presque totalité de l'abbaye,
et même de l'église, il y a environ 12 ans. — *Voy.* l'*Histoire
littéraire de France* par dom Rivet, tom. x, pag. 210-215.

Histoire Civile.

Histoire de la ville et de l'Église de Chartres, où sont insérés
les plus beaux endroits de l'histoire des divers états de l'Eu-

rope, surtout du royaume de France ; composée par M. J.-B. Souchet, docteur en théologie et chanoine de l'Église de Chartres, 1 vol. in-fol. mss. autographe, relié en bois, couvert en veau fauve, avec fermoirs et clous en cuivre sur le plat. Au bas du couvercle 2ᵉ ouvrant sur la gauche, se trouve l'anneau en fer avec lequel il était attaché au pupitre ou bureau de la bibliothèque du chapitre. Nommé chanoine le 20 septembre 1652, il mourut subitement le 8 avril 1654 et fut inhumé à Sainte-Foy. *Voy.* la Biog. univ. tom. LXIII, p. 167-171, vᵒ Souchet ; art. dans lequel nous avons réuni tout ce qui est relatif à ce savant et à ses ouvrages. Conservé dans la Bibliothèque publique de la ville de Chartres. Inédit.

Extrait de l'hist. mss. de la ville et Église de Chartres, composée par M. J.-B. Souchet, avec des corrections et additions, 1ᵒ par M. Mareschaulx, doct. de Sorbonne et doyen de l'Eglise de Chartres ; 2ᵒ par M. le Tunais chanoine de l'Église de Chartres ; in-fol. mss.

Extrait de la Parthenie, ou *Histoire de Chartres* manuscrite, composée par M. J.-B. Souchet, chanoine de Chartres, en ce qui concerne la ville, l'Église et le diocèse de Chartres. Par M. l'abbé Étienne, chanoine de Chartres, 1701, mss. autographe, in-fol., 1 vol.

Cet abbé Étienne était fort savant et avait laissé beaucoup de mss. qui ont existé dans la bibliothèque du chapitre et dans celle de l'abbaye de Saint-Jean à qui il avait donné une grande partie de sa bibliothèque et tous ses mss. Cet abrégé a appartenu à plusieurs chanoines, notamment à l'abbé Brillon, autre savant chanoine qui le cite souvent dans ses notes et mss. sous le nom d'*Abrégé d'Étienne.* En dernier lieu, il avait appartenu à un abbé de Maubuisson, aussi chanoine. A sa vente, il fut adjugé à un brocanteur de qui je l'achetai. Les suppressions que l'abbé Étienne s'était permises ne nuisent nullement au texte de Souchet ; je m'en suis convaincu en lisant le Souchet original et le comparant avec l'abrégé d'Étienne. Mais comme je désirais posséder Souchet complet, j'ai copié tout ce que Étienne avait négligé, et à l'aide des renvois que j'ai établis dans le Souchet d'Étienne, le texte de Souchet n'est point interrompu, et j'ai l'avantage de le posséder dans son intégrité.

9*

Ces additions forment un volume peu considérable que j'ai intitulé tom. Ier. A l'aide de ce travail, mon Souchet est aussi complet que celui de la Bibliothèque. Cette histoire est très-rare ; je n'en connais que le mss. de notre Bibliothèque de Chartres et celui qui existe dans mon cabinet. Il doit y en avoir un à la Bibliothèque royale ; il est cité au n° 4961, tom. Ier de la Bibliothèque de France, édition de Fevret de Fontette.

Hist. chronologique de la ville de Chartres, par M. Pintard, greffier de l'Élection et ancien échevin de la ville de Chartres, in-fol. mss.

Il y a joint les diverses armoiries de la ville, quelques dessins des monnaies chartraines, les armoiries des évêques, comtes, etc. Très-bon historien. Mss. inédit.

Histoire ou *Recherches sur l'histoire de Chartres*, divisée en deux parties, qui sont Chartres payenne et Chartres chrétienne, composée et curieusement recherchée, par M. Charles Challine, conseiller au bailliage et siége présidial de Chartres. — Ire partie contenant Chartres payenne, 51, chap., folio 1-95. — 2e partie, Chartres chrétienne, folio 50-455, in-4° mss.

Charles Challine, écuyer, seigneur de Monalan, conseiller et premier avocat du roi au bailliage et siége présidial de Chartres, a écrit cette hist. en 1706, et peu après : il existait encore en 1715. In-4° mss.

Challine était d'une ancienne famille de Chartres, qui habitait sur la paroisse de St.-André. Elle avait une chapelle dans cette église et y avait sa sépulture dans un caveau qui était situé dans un des piliers de cette église, auprès ou peu au-dessus de la rivière. Ce caveau avait la faculté de conserver les corps intacts et sans putréfaction ; seulement ils étaient un peu desséchés Ce caveau a été ouvert dans les premiers temps de la révolution, en 1790 (autant que je puis me le rappeler). Il renfermait sept corps, dont une femme qui avait encore au bras une bandelette, signe d'une saignée, et la piqure paraissait encore vermeille. On y voyait aussi le corps d'un jeune enfant. Ces corps furent enlevés de ce caveau et déposés dans le cimetière commun.

Urbis Gentisque Carnutum Historia ex veterum et recentiorum monumentis collegit... Rodolphus Botereius.. Parisiis, Bessin, 1624, in-8° parch., 83, p. 1re partie en prose, 2de partie en vers.

Né à Châteaudun vers l'an 1552, il mourut en 1630, âgé de 68 ans. *Voy.* son art. par M. Weis, au tom. v de la *Biographie Universelle*, p. 407.

Histoire de la ville de Chartres, du pays chartrain et de la Bauce, par Doyen. Chartres, Deshayes, et Paris, Regnault, 1786, 2 vol. in-8°.

Hist. de Chartres et de l'ancien pays chartrain, ancienne description statistique du département d'Eure-et-Loir, par Vincent Chevard. Chartres, Durand-Letellier, an x (1801), 2 v. in-8°.

Recherches sur l'histoire de la ville de Chartres et du pays Chartrain, par M. P.-E.-N. Bouvet-Jourdan, ancien négociant et député à l'assemblée constituante. Cette hist. mérite d'être lue. — Mss., 2 vol. in-fol.

Précis historique des Comtes, Ducs et Évêques de Chartres, par M. Querelle, curé de Craches, proche Dourdan. Chartres, Lacombe et Jouenne, 1792, in-8°.

La Bausse dessèchée, ou *Discovrs sur la procession générale faite à Chartres le 18 juin 1681*, contenant plusieurs antiquitez de leglise et autres choses curieuses, par Jacques Anquetin, greffier de cette ville. Chartres, 1681. Imp. de veuve Cottereau, petit in-4°.

Laisné (Guillaume) prieur de Mondonville, a travaillé avec beaucoup de peine et d'industrie aux recherches de Chartres et du pays chartrain, qu'il devait donner au public : il est mort avant de les avoir mis en état de voir le jour. Souchet les avait possédés après le décès de Laisné. Ils ont ensuite été dispersés. Laisné vivait encore en l'an 1649 ; il mourut avant l'an 1655.

Lelong, n° 14902, cite : Hist. de Chartres mss., 5 vol. in-fol., Biblioth. du Roi, entre les mss. de Gaignières. — Au n° 16305 on lit : Mss. du prieur de Mondonville, contenant des extraits, titres et généalogies du pays chartrain, Beausse, Orléanais, Blaisois ; 12 vol. in-fol.

Lettre D du Recueil de M. Laisné, prieur de Mondonville, in-4°.

gr. pap., mss. — Voy. *la Biblioth. hist. de France*, par Fontette T....

Fiefs du Duché de Chartres, in-fol. mss. de 195 pag. — Très-curieux.

Histoire de la ville et de tout le diocèse de Paris, par l'abbé Le Beuf. Paris, 1754-57, 15 vol. in-12.

Dans plusieurs parties, cette histoire se rejoint à celle du diocèse de Chartres.

Traictez de Paix entre les sieurs comtes de Chartres et les Évêques de Chartres, abbé et religieux de Saint-Père dudit Chartres; avec les arrêts donnés en interprétation d'iceux. Paris, 1650, in-8°.

Ces arrêts sont fort rares et se trouvent quelquefois reliés avec la coutume de Chartres. — Paris, Moreau, 1650, in-8°, *très-rare*. Ils sont fort intéressans pour l'ancienne topographie et les limites des propriétés dont il s'agissait entre ces anciens comtes et évêques, etc.

Voyages des Rois, Reines et Princes de la maison Royale, à Chartres, etc., et dans le pays chartrain. — Mss. inédit. Très-curieux.

Villes du Pays chartrain.

Description du Château d'Anet, par M. le Marquant. Chartres, veuve Fr. Le Tellier, 1776, in-12.

Recherches historiques pour servir à l'Hist. de la ville de Dreux, in-fol. mss. — On ignore le nom de l'auteur de ces recherches ou histoire. Il paraît avoir écrit de 1720 à 1750, car il s'arrête à la princesse Anne, palatine de Bavière, comtesse de Dreux, en 1718.

Essay de l'hist. générale du comté et bailliage de Dunois, composé par C... (Courgibet), prêtre de l'Hôtel-Dieu de Châteaudun, divisé en deux livres; 1747, in-fol.

Le mss. original appartient à la municipalité de Châteaudun. Le mss. que j'en possède in-fol., 1 vol., est extrait de cet *Essay*, et est suffisant; Bordas lui est bien supérieur.

Histoire sommaire du Comté de Dunois, de ses comtes et de

sa capitale , par M. l'abbé Bordas , curé d'Ymonville. Le mss.
original appartient à la municipalité de Châteaudun. — Au
finito on lit : Fructus otii apud Ymonis villam explicit , anno
1762 , J.-Baptiste Bordas. — In-fol. mss. 5 vol. Copie.

*Castellodunum seu Primariæ urbis Dunensis comitatûs des-
criptio* A Rodolpho Boterio. Parisiis , J. Benin , 1627, in-8°.

*Cæs. Aug. Cottæ Casteldunensis Nympha Vivaria , seu Pa-
triæ Dunensis poetica descriptio.* Parisiis, apud Jamet
Mettayer , 1604 , in-4° mss.

Ce poème de 1165 vers , intitulé *Nympha Vivaria* , seu
Casteldunensis Agri descriptio , est l'éloge de *la fontaine* du
Vivier qui était proche le château du *Vivier* , paroisse de
Saint-Hilaire-sur-Hyerre. — Très-rare. — Costé était origi-
naire de Châteaudun. Ses poésies sont extrêmement rares.

Cæs. Aug. Cottæ Casteldunensis Poemata.... Parisiis , apud
Jamet Mettayer , 1604 , in-8° mss.

*Description des figures qui sont sur la face de l'Église de
l'Abbaye royale de la Madelaine de Châteaudun ,* tirée du
ix tom. de l'Hist. de l'Académie royale des Inscriptions et
Belles-Lettres. Paris , veuve André Knapen , 1742, in-4.

Notice historique sur le Château de Maintenon , par M. de
Noailles. F. Didot ,1829 , in-8°, **25** pag.

Hist. des pays et comté du Perche et du duché d'Alençon , où est
traité des anciens seigneurs de Bellesme , comtes du Perche
Alençon , Domfront , Sonnois , Sées et Ponthieu : des Rotrous,
vicomtes de Châteaudun et comtes de Mortagne et dudit
Perche.... , par M. Gilles Bry , sieur de la Clergerie. Paris ,
Pierre Mur , 1620 , in-4° ; avec les additions aux Recherches
d'Alençon et du Perche ; ensemble quelques titres servant aux
fondations des abbayes de Thiron et d'Arcisses et Maison-Dieu
de Nogent-le-Rotrou, avec le procès criminel fait à René d'A-
lençon , comte du Perche ; par le même Bry de la Clergerie.
Paris , 1621 , 178 pag. Hist. très-intéressante , et dans laquelle se trouve beaucoup de pièces , titres , chartes, etc., etc. ,
très-curieuses.

Ces addit. manquent souvent. — Il existe encore en mss.—
Histoire du Perche, par *Courtin* , et une autre par *Desbou-
lais.* Ces histoires étaient perdues , ou du moins on le croyait,

lorsqu'elles ont été découvertes par M. l'abbé Frey, curé aux environs de Mortagne, chez Mme.... qui lui en a fait espérer la communication ; s'il l'obtient, il se propose de les faire imprimer. Elles le méritent sous beaucoup de rapports. Au moins c'est ce qu'il m'a confié en 1835, lors d'un voyage qu'il fit à Chartres, et dans lequel j'ai eu l'avantage de le connaître.

Recherches historiques sur le Thimerais, par M. de P...., ex-magistrat.

CHATEAUNEUF est la capitale du Thimerais. Ce pays avait une coutume particulière, dont *Dreux du Radier* a donné une édit. rare et très-intéressante, sous le titre d'*Observations sur les coutumes de Châteauneuf, Chartres et Dreux:* Paris, Cailleau, 17.., in-16. *Inédit*, in-4° mss.

Villes et pays environnant le pays chartrain.

Mémoires historiques sur la ville d'Alençon et sur ses Seigneurs; précédés d'une dissertation sur les peuples qui ont habité anciennement le duché d'Alençon et le comté du Perche; par M. Odolant Desnos. Alençon, 1787, in-8°, 2 vol.

Recherches historiques sur l'Anjou et ses monumens. Angers et le bas Anjou. Par J.-F. Bodin, avec gr. Saumur, Degouy, 1821, 2 vol. in-8°.

Histoire de Blois, par J. Bernier. Paris, Muguet, 1682, in-4°.

Essais historiques sur la ville de Blois et ses environs, par Fournier. Blois, 1785, in-8°. — Annuaire du départ. de Loir-et-Cher pour l'an 1829. Blois, veuve Jahyer, 1829, in-12.

Les Antiquités de la ville, comté et châtellenie de Corbeil, par M. Jean de la Barre. Paris, Lacoste, 1647, in-4°.

Il y est parlé des Reistres, de leur défaite à Auneau, et de différentes autres guerres. Nos historiens ont oublié de parler du joli poème macaronique *de Bello Huguenotiis*, par Remi Belleau. — Le fameux Hugues du Puiset fut comte de Corbeil. — La Barre est fort intéressant. Doyen, tom. II, en a tiré parti pour ce qu'il dit du siége d'Auneau.

Mémoires de la ville de Dourdan, recueillis par M. Jacques De-lescornay. Paris, Bertrand Martin, 1624!, petit in-8° fort rare.

Les Antiquités de la ville et duché d'Étampes, avec l'histoire de l'abbaye de Morigny, par le R. P. Basile Fleureau. Paris, Coignard, 1683, in-4°.

Essais historiques sur la ville d'Étampes, avec des planches, des notes, et pièces justificatives; par Maxime de Mont-Rond. Étampes, Fortin. Paris, Debécourt, 1836, in-8°.

Hist. civile et ecclésiastique du comté d'Évreux, par le Bras-seur. Paris, Barrois, 1722, in-4°.

Essais historiques... sur l'ancien comté, les comtes et la ville d'Évreux, par M. Masson de St.-Amand. Évreux, An-celle, 1813, in-8°.

Suite des Essais..., par M. de St.-Amand. Evreux, Ancelle, 1815, in-8°.

Mémoire sur les ruines du vieux Evreux, par M. F. Rever. Evreux, Ancelle, 1827, in-8°.

Hist. générale du Gastinois, Senonois et Hurepoix, par D. Guill. Morin, gr. prieur de l'abbaye de Ferrière en Gastinois. Paris, veuve Chevalier, 1630, in-4°.

Histoire de Gerberoy, par Jean Pillet.

On y trouve des détails intéressans sur la défaite des Reis-tres à Auneau, ville remarquable par sa fidélité envers ses rois; ce qui fit que Henri IV en y passant, et ayant voulu goûter du vin que les bourgeois lui présentèrent, demanda qu'on lui en donnât sans que son échanson l'eût goûté, disant : *Il n'y a rien à craindre ici pour moi.*

Statistique de l'arrondissement de Mantes (Seine-et-Oise), par Armand Cassan, sous-préfet de l'arrondissement de Mantes. Mantes, chez Forcade, 1833, in-8°.

Précis sur la ville de Montfort-l'Amaury, et hist. chronologique des seigneurs de cette ville, depuis la construction de son château-fort, jusqu'à la révolution de France (996-1792), par M. J. L'Hermitte. A Paris, chez Dupont et Roret, libraires, 1825, in-8, avec une vue du château des anciens comtes de Montfort-l'Amaury, par Châtillon, en sa Topographie franç.

Copie mss. in-fol. faite sur l'imprimé in-8°, tiré à petit nombre et devenu très-rare.

Les comtes de Montfort ont été très-célèbres et puissans seigneurs dans le pays chartrain.

Essais histor. sur Orléans: par Polluche. Orléans, 1778, in-8°.

Histoire et antiquitez de la ville et duché d'Orléans, par Lemaire. Orléans, 1645, in-4°.

Histoire de l'Église, diocèse, ville et université d'Orléans, par Symphorien Guyon. Orléans, Borde, 1650, in-fol.

Essais hist. sur Orléans..., par Beauvais de Preau. Orléans, 1778, in-8°.

Notice historique sur le fort des Tourelles de l'ancien pont d'Orléans, où Jeanne d'Arc combattit et fut blessée; par T.-F. Vergniaud-Romagnési. Paris, Roret, 1832, in-8° avec lithog., 50 pag.

St.-Aignan ou le Siége d'Orléans par Attilla...., par Augustin Theiner. Paris, Carpentier-Méricourt, 1832, 56 pag. in-8°.

Discours du siége d'Attilla devant la ville d'Orléans, en l'an 455, par Emmanuel Trippault. Orléans, Frémont, 1655, in-8°. — Très-rare.

Histoire de la ville d'Orléans, 2e édit. de l'*Indicateur Orléanais*, par E.-F. Vergniaud-Romagnési. Orléans, Rouzeau Montaut, 1850, in-12.

Histoire et antiquités de la ville et duché d'Orléans, par F. Lemaire. Orléans, Paris, 1645, in-4°.

Histoire générale de Normandie, par Gabriel Dumoulin, curé de Maineval. Rouen, 1651, in-fol. Au livre 1er, p. 18, cet auteur cite un fragment du poème des Miracles de la Vierge, relatif à la déroute des Normands par la Sainte-Chemise sous les murs de Chartres.

Essai sur les invasions des Normands dans les Gaules, par Capefigue, in-8°, 1823. — *Hasting..., Rollon...,* page 179. *Siége de Chartres.* — Défaite à l'aide de la Relique de la Sainte Vierge....

Hist. de Normandie, par Licquet, 2 vol. in-8°.

— *Idem*, par Depping, in-8°. — Orderic Vital., in-8°.

— *Roman du Rou*, in-8°, etc., etc.

Historiæ Normannorum scriptores antiqui res ab illis per Galliam, Angliam... gestas ab anno DCCCXXXVIII ad annum MCCXX... edidit Andreas Duchesnius.... Lutetiæ Parisiorum, 1619, in-fol. Excellent ouvrage très-rare.

L'Histoire de Normandie tient une place immense dans l'Histoire de France ; les historiens du pays chartrain ont trop négligé ceux de la Normandie. Il en existe un grand nombre. En les lisant, on rencontre une infinité de faits qui orneraient les annales chartraines. Plusieurs des historiens latins ont été traduits en français depuis peu de temps. Beaucoup de poèmes en langue romane ont été publiés par les savans de la Normandie et font les délices des lecteurs.

Notice historique sur la ville et le domaine de Rambouillet... (Seine-et-Oise) ; par M. S. Rambouillet, Raynal, 1836, in-12.

Almanach de Monsieur pour l'année 1782, par Didot le jeune. Paris, imprimerie de Monsieur, 1782, in-8°. — *Très-rare.* Il contient, p. 147-252, un tableau historique du Vendômois, très curieux et fait avec beaucoup de soin.

Histoire des comtes de Vendôme, et du chapitre de St.-Georges, mss. inédit, dont le finito est ainsi : *Fin des ducs de Vendosme,* en 1647, in-fol.

Vendôme et le Vendômois, ou tableau statistique, historique et biographique du duché, aujourd'hui arrondissement de Vendôme, par M. Ph.-J.-G. de Passac. Vendôme, Morard Jahyer, 1825, gr. in-4°, pap. vélin.

Histoire de Vendôme et de ses environs, par feu M. l'abbé Simon, chanoine de la collégiale de St.-Georges. Vendôme, Henrion Loiseau, 1834, 3 vol. in-8°.

Dissertations... sur l'histoire civile et ecclésiastique du diocèse de Sais (Seez), par l'abbé Esnaut. Paris, Desprez, 1746, in-12.

Additions.

Bibl. générale des auteurs de France, liv. I, contenant la bibliothèque chartraine, par dom Jean Liron. Paris, J. Michel Garnier 1718. in-4, 1 vol. ; exemplaire avec beaucoup de notes préparées pour une nouvelle édition. — Autre exempl. sur lequel sont copiées les notes qui existaient sur celui de l'abbé Brillon, savant chanoine.

Singularités historiques et littéraires...., par dom Liron. Paris, Didot, 1758, in-12, 4 vol. Excellent ouvrage.

Récréations historiques, critiques, morales et d'érudition.... par M. D. D. R. (Dreux du Radier), avocat. Paris, Robustel, v^e Duchesne, 1767, in-12, 2 vol. — Très curieux; rare.

Au t. 2, p. 5, acte de donation de la magnifique Bible de l'église collégiale du château de Dreux, donnée par Thomas Dapiferi Domini Gervasii. — Ce Gervais était seigneur de Châteauneuf. p. 5-54 — sur Anet, p. 150-145.

Eloges historiques des hommes illustres de la province du Thymerais..., par M. D. D. R. (Dreux du Radier), avocat. Paris, Berthier, 1749, in-12.

Mémoires de Florent, sire d'Illiers, capitaine au service de Charles VII. xvme siècle. — T. VII de la collect. univ. des mém. particuliers relatifs à l'Hist. de Fr. Paris, 1785, p. 445-467, in-8, 1re édit. Mss. in-4.

Il était de l'illustre maison d'Illiers en Beauce, se distingua éminemment au siége d'Orléans. Les habitaus, par reconnaissance, donnèrent son nom à une de leurs principales villes. — Déjà il avait donné des preuves de sa valeur, lorsqu'en 1452 les Chartrains chassèrent les Anglais de leur ville et se rendirent à Charles VII.

Les Mémoires de Condé, ou Recueil pour servir à l'Hist. de France sous le règne de François II et partie du règne de Charles IX, par Secousse. Paris, 1743, in-4, 6 vol. avec plusieurs portraits et deux plans de la bataille de Dreux.

Mémoires de la Ligue. Amsterdam, 1758, in-4, 6 vol.

Excellent recueil d'une très grande quantité de pièces très curieuses et très intéressantes, composé par le savant abbé Goujet.

Notice historique sur S. Piat..., conservé depuis près de mille ans en l'église cathédrale de N. D. de Chartres, inhumé en 1793 et exhumé en 1816; par M. Hérisson, avocat. Chartres, Hervé, 1816, in-8.

Notice sur l'Aganon Vetus, cartulaire du xie siècle, conservé dans la Bibliothèque de la ville de Chartres; par M. Hérisson. Chartres, Garnier, 1836, in-8.

Histoire de lAbbaye de Bonneval. (Addition.)

Ce qui compose cette histoire depuis 1767, époque à laquelle se termine l'histoire de M. Beaupère, jusqu'en 1792, a été ajouté par M. Lejeune, biblioth. honor.

La France. — Eure-et-Loir. — Statistique du Départ. d'Eure-et-Loir, par M. J. Doublet de Boisthibault, avocat. Paris, Verdière, 1836, in-8.

Histoire de Touraine, depuis la conquête des Gaules par les Romains, jusqu'à l'année 1790; suivie d'un Dict. biographique de tous les hommes célèbres nés dans cette province. Par J. L. Chalmel. Paris, Fournier; Tours, Mame, 1828, in-8, 4 vol.

Lorsque je cite Chalmel, je cite un historien qui a décrit une des époques les plus intéressantes de l'histoire de France. Il a révélé une multitude de faits inconnus qui ont eu lieu pendant la Ligue dans la Touraine et les pays circonvoisins. Cette province était envahie par les ligueurs : de là tous les malheurs qui étaient par eux répandus sur la France. Ils s'étaient déclarés les ennemis les plus acharnés et les plus dangereux contre Henri IV. Trois fois ils avaient conspiré contre sa vie ; trois fois ils avaient échoué dans leurs sinistres projets. La troisième conjuration fut découverte assez à temps pour sauver le monarque. Alors il n'y avait plus pour lui d'autre moyen que d'embrasser la religion catholique. Les fidèles guerriers qui partageaient ses dangers et sa gloire, le déterminèrent à abandonner le calvinisme. Alors Henri, éclairé par un rayon de la grâce céleste, se détermine à faire son abjuration. Il en instruit ses partisans, et écrit à Paris qu'il se rendra le 25 juillet 1595, dans l'église de St-Denis, pour cette cérémonie. Elle eut lieu en effet, et quelque temps après, ce roi reçut l'onction sacrée dans la ville de Chartres.

Tous les faits rapportés par Chalmel sont du plus haut intérêt. Ils étaient restés ensevelis dans les archives de la Touraine ; Chalmel a eu le bonheur de les recueillir et de les publier. La Touraine n'avait point encore son historien ; il eut l'avantage d'être nommé bibliothécaire de la ville ; alors il recueillit les matériaux qui lui étaient nécessaires. Le savant M. Weis lui a consacré un article intéressant dans le 60ᵉ vol. de la Biographie univ. Lisez Chalmel, vous qui voulez connaître l'histoire de ces temps si orageux. A la vérité toutes les archives lui étaient ouvertes. Ce bonheur n'est pas donné à tous les littérateurs.

Essai sur les Monnaies chartraines frappées par les comtes de Chartres et de Blois jusqu'au xive siècle, et sur quelques autres pièces qui ont à peu près le même type ; par M. E. Cartier. Tours, Mame, 1855, in-8. — Rare et curieux.

Henri I, roi de France, qui avait été sacré et couronné à Reims du vivant de son père, parvenu à la couronne le 20 juillet 1051, fit faire les voûtes de l'église N. D. qui se voient au-dessus de l'autel principal, où huit arceaux viennent se rendre dans une même clef.

En l'année 1520, l'horloge de la cathédrale de Chartres, qui était sur la croisée de cette église, fut changée de place et mise au pied du clocher neuf. La cloche fut cassée et refondue le 25 septembre de la même année, sur les deux heures du matin. Elle fut rechargée de 1000 livres pesant, et posée au haut du clocher neuf, pour sonner les heures et servir au guet. Vers 1526, le cadran de cette horloge fut achevé.

On lit sur cette cloche les vers suivans, qui je crois n'ont pas été publiés :

> Facta ad signandos solis lunæ que labores
> Evehor ad tantæ culmina cessa domûs.
> Annus erat Christi millesimus, adde priori
> Quingentos numero, bis quoque junge decem :
> Illo quippe anno quo francus convenit Angelum
> Perpetua que simul discubuêre fide.

Ces vers sont gravés sur cette cloche, en lettres gothiques mal formées et très-difficiles à lire. L'espace qui est entre cette cloche du timbre et le plancher est si exigu, que le savant amateur qui les a déchiffrés, et me les a communiqués ensuite, a été obligé de se coucher sur le dos pour en faire la lecture et la copie.

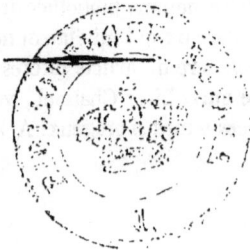

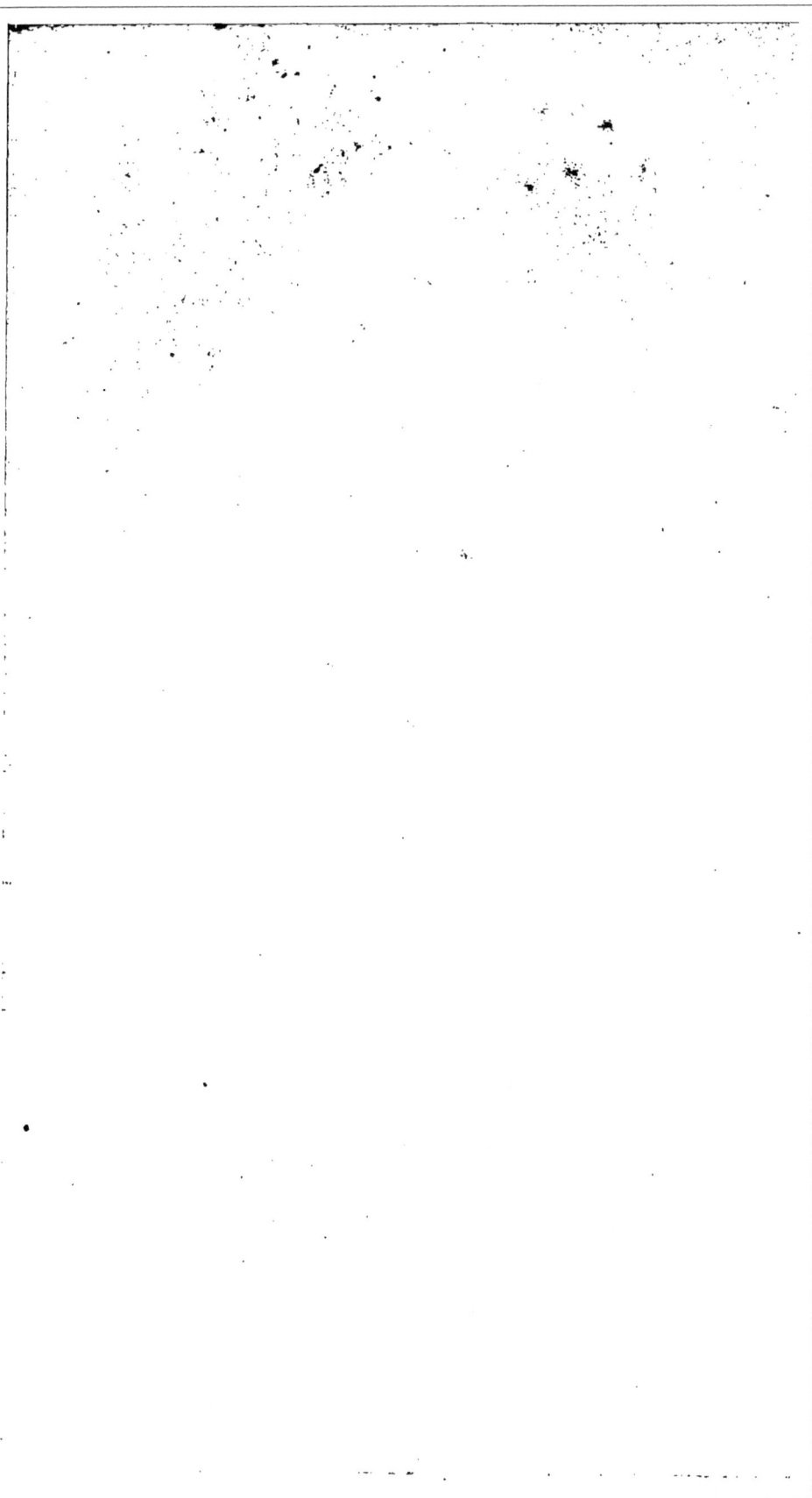

www.ingramcontent.com/pod-product-compliance
Lightning Source LLC
Chambersburg PA
CBHW071803090426
42737CB00012B/1930